COUR DES PAIRS.

ATTENTAT DU 25 JUIN 1836.

RAPPORT

FAIT A LA COUR

PAR M. LE COMTE DE BASTARD.

ARRÊT

DU SAMEDI 2 JUILLET 1836.

ACTE D'ACCUSATION.

RÉQUISITOIRE ET RÉPLIQUE

DE M. MARTIN (du Nord),

PROCUREUR GÉNÉRAL.

PROCÈS-VERBAL

DES SÉANCES QUI ONT EU LIEU POUR LE JUGEMENT DE CETTE AFFAIRE.

PARIS,

IMPRIMERIE ROYALE.

M DCCC XXXVI.

COUR DES PAIRS.

ATTENTAT DU 25 JUIN 1836.

RAPPORT

FAIT A LA COUR

PAR M. LE COMTE DE BASTARD.

COUR DES PAIRS.

ATTENTAT DU 25 JUIN 1836.

RAPPORT

FAIT à LA COUR PAR M. LE COMTE DE BASTARD, L'UN DES
COMMISSAIRES CHARGÉS DE L'INSTRUCTION DU PROCÈS DÉFÉRÉ
A LA COUR PAR ORDONNANCE ROYALE DU 25 JUIN 1836 (1).

MESSIEURS,

Ces moments de deuil et d'effroi qui ont ébranlé la
France et déchiré tous les cœurs nous étaient encore
présents, le sang des généreux citoyens qui avaient ra-
cheté de leur vie la vie du Monarque était à peine effacé,
peu de jours s'étaient écoulés depuis cet instant terrible où le glaive de la loi avait frappé trois grands
coupables, le temple de votre justice se fermait à peine
que déjà il faut le rouvrir !

(1) Les commissaires étaient M. le baron PASQUIER, président de la
Cour, et MM. le duc DECAZES, le comte DE BASTARD, le comte PORTALIS
et GIROD (de l'Ain), commis par M. le Président.

Cependant, confiante dans l'expérience de ce Roi mûri à l'école de l'adversité, dans ce courage que l'Europe admire avec nous, heureuse et fière de ces vertus qui entourent le trône et qui devraient toucher et désarmer le fanatisme le plus endurci, la France se livrait avec ardeur aux grands travaux que la paix seule enfante et qui seuls aussi assurent sa durée. Les rangs les plus inférieurs de la société obtenaient par degrés cette amélioration matérielle et morale que l'aisance et l'instruction amènent à leur suite, et une prospérité toujours croissante était la récompense de la sagesse du Roi et du bon sens du pays.

C'est au milieu de ce bien-être général que tout à coup Paris et la France apprennent avec horreur qu'un nouvel attentat vient d'être commis sur la personne du Monarque ; c'est à côté de l'épouse la plus tendre, de la sœur la plus dévouée, que l'assassin est venu chercher sa victime! Mais Dieu, qui, deux fois en moins d'une année, a sauvé la France, veillait sur le Roi; et par une circonstance touchante et digne d'être ici rapportée, c'est à ce sentiment de bonté qui lui est si naturel, c'est à son empressement à répondre aux témoignages de respect et d'amour dont il était l'objet, que le Roi a dû la vie; c'est au moment même où il rendait le salut à la garde nationale sous les armes, que l'assassin, trompé dans ses calculs, a fait partir son arme et lancé un plomb meurtrier dont une providence protectrice a détourné l'effet!

Le samedi 25 juin, le Roi, qui dans la journée était venu à Paris, quittait les Tuileries vers six heures et un quart, pour retourner à Neuilly avec la Reine et S. A. R. Madame *Adelaïde*, qui étaient placées dans

le fond de la voiture; le Roi était vis-à-vis de la Reine.
Les six premiers chevaux se trouvaient déjà engagés
sous le guichet du Pont-Royal, lorsque l'explosion d'une
arme à feu, dirigée contre le Roi, remplit la voiture de
fumée; la balle s'enfonça dans le panneau de la voiture, un peu au dessous de l'impériale. Le Roi, avec un
sang-froid admirable, après s'être informé si personne
n'avait été blessé donna ordre de continuer la route.

Je n'essayerai pas, Messieurs, de vous rendre les
douloureuses émotions de la Reine et de son auguste
sœur, qui s'oublient toujours elles-mêmes pour ne penser qu'au danger du Roi. Je ne vous ferai pas assister à
cette première entrevue du Roi avec ses augustes filles,
encore dans l'ignorance du danger que venait de courir
leur père, et apprenant de sa propre bouche, d'une
manière si simple et si touchante, le crime qui venait
d'être commis sur sa personne; je ne vous peindrai
pas les sentiments de ce fils adoptif, notre royal allié,
de ces jeunes princes l'espoir de la patrie, se serrant
autour de leur père, que ce nouveau péril leur rendait
encore plus cher : ces sentiments furent ceux de toutes
les familles françaises au premier bruit de l'attentat.

L'explosion venait à peine de se faire entendre que
l'auteur du crime fut arrêté. Placé derrière deux ad-
judants du palais et à côté des factionnaires, il n'était
éloigné de la voiture que de cinq pieds; il fut saisi tenant encore son arme; c'était un fusil-canne, arme
dont le port est prohibé et puni par la loi.

Le poste de la garde nationale était commandé à
ce moment, en l'absence des officiers, par le sergent
Devisme, arquebusier, qui reconnut l'individu qu'on

venait d'arrêter pour être Louis *Alibaud,* auquel il
déclara avoir confié, pour les vendre, des armes semblables à celle dont l'assassin venait de se servir.

Alibaud est aussitôt fouillé, et l'on trouve sur lui
un poignard, destiné, dit-il, à se frapper s'il en avait
eu le temps. Il n'avait dans sa poche que vingt-trois
sous. Après quelques moments donnés à recueillir
les renseignements que pouvaient fournir les personnes qui avaient été témoins de l'attentat, *Alibaud*
fut conduit à la conciergerie et livré à l'autorité judiciaire. Interrogé aussitôt par M. le procureur général
de la cour royale : «J'ai voulu, dit-il, tuer le Roi,
«que je regarde comme l'ennemi du peuple. J'étais
«malheureux; le Gouvernement est la cause de mon
«malheur; le Roi en est le chef, voilà pourquoi j'ai
«voulu le tuer. Je n'ai qu'un seul regret, celui de
«n'avoir pas réussi.»

Ce premier interrogatoire terminé, on se livra sur-
le-champ à toutes les recherches, à toutes les investigations qui pouvaient mener à la découverte de la
vérité.

Dès le soir même, une ordonnance du Roi, en exécution de l'article 28 de la Charte, investit la Cour des
Pairs de la connaissance de ce nouvel attentat.

Par votre arrêt du 26 juin, vous avez ordonné
que votre Président procéderait à l'instruction; il a
interrogé plusieurs fois *Alibaud* et entendu tous ceux
qui pouvaient éclairer la justice sur les antécédents
de cet homme, sur ses anciennes liaisons, sur ses rapports nouveaux, sur tous les faits enfin qui se rattachaient à son crime.

Nous vous apportons, Messieurs, l'analyse de cette instruction.

Louis *Alibaud* est né à Nîmes, le 2 mai 1810, de Barthélemy *Alibaud* et de Thérèse-Magdeleine *Bataillé*, aujourd'hui aubergistes à Perpignan.

Alibaud fut d'abord placé dans le lycée de Nîmes. En 1819, il fut envoyé à Narbonne, où il avait une tante religieuse, pour suivre des cours élémentaires, où l'on employait la méthode de l'enseignement mutuel; il y montrait quelque intelligence; plus tard sa tante le fit entrer au petit séminaire de cette ville, dont il sortit bientôt. Il écrivait bien, et fut successivement employé, en qualité de copiste, dans deux différentes maisons de cette ville, qu'il abandonna pour entrer comme novice dans la marine, où il ne resta que deux mois. Il s'engagea enfin, le 26 juillet 1829, dans le 15ᵉ régiment d'infanterie légère, en garnison à Paris; ce régiment y était encore en juillet 1830. « Je désertai, le dra- « peau de Charles X, » dit-il dans son interrogatoire du 27 juin, « je fis cause commune avec le peuple; mais comme « je sortais de la troupe, j'avais le préjugé que je ne pou- « vais tirer sur mes anciens camarades; je restai donc « neutre pendant les événements. Si j'ai été blessé, si « j'ai eu le bras démis, c'est que je me trouvais en ama- « teur derrière une barricade, parmi des bourgeois qui « essuyèrent une charge. »

Alibaud, moniteur de l'école régimentaire, avait été nommé fourrier de la compagnie de carabiniers; mais une rixe, dans laquelle il blessa un citoyen, l'ayant fait renvoyer avec le même grade dans une compagnie du centre, il parvint à se faire réformer, et quitta le service le 17 janvier 1834.

2

C'est à ce moment que remontent les premiers renseignements sur le caractère d'*Alibaud*. Vous aurez
déjà remarqué, Messieurs, cette inquiétude d'esprit et
cette inconstance de caractère qui lui font abandonner les deux premières maisons où il était placé.
Il entre dans la marine, dont il sort deux mois après.
Malgré les représentations de son père, il s'engage
dans un régiment; et, malgré les avantages qu'il y
avait obtenus, il abandonne le service, sans prévoir ce
qu'il doit faire après l'avoir quitté. Il est signalé dans son
régiment comme violent et emporté lorsqu'il avait un
peu trop bu; du reste, calme et poli dans ses relations
habituelles : l'exaltation de ses sentiments politiques
avait été peu remarquée; toutefois, c'est à cette époque,
et pendant qu'il servait encore, qu'il place la première
idée de son crime.

On lui demande : « Depuis combien de jours mûris-
« siez-vous vos coupables projets?

« Depuis le jour où *Philippe I*er n'a plus tenu ses
« promesses.

« A quelle époque placez-vous ce jour?

« Principalement après les événements du cloître
« Saint-Méry. J'ai juré sa mort depuis ce jour-là, et ses
« actions, à partir de cette époque, n'ont fait que me
« confirmer dans l'opinion que j'avais conçue. »

Alibaud n'était point à Paris au mois de juin 1832,
son régiment était alors à Strasbourg. On lui a demandé
s'il était en relation avec quelques-uns de ceux qui figu-
rèrent dans les événements du cloître Saint-Méry :
« Non, a-t-il dit, j'étais absent : mais je faisais partie du

« peuple comme ceux sur lesquels on tirait; c'était l'u-
« nique relation que j'avais avec eux. »

Toutefois l'on peut croire que si en 1834 et lorsqu'il
quitta le service il eût été aussi préoccupé qu'il nous
le dit aujourd'hui du projet de tuer le Roi, il serait
revenu à Paris : il n'y vint point; il prit la route de
Narbonne, en passant par Lyon. Dans cette dernière
ville, il chercha à entrer dans une maison de commerce, qui, après avoir promis de l'employer, refusa de
le recevoir. La vie alors lui devient importune; il est
tenté de ne plus retourner chez ses parents et de
mettre fin à ses jours, « si l'espoir, dit-il, de rendre un
« grand service à son pays ne lui avait aidé à supporter
« la vie jusqu'à ce moment-ci. »

Il arriva donc à Narbonne, où son père, comme
aubergiste, logeait quelques employés de l'administration des télégraphes. Par leur moyen, il fut envoyé
à Carcassonne et occupé dans cette administration pendant trois ou quatre mois. Il la quitta, n'y trouvant pas
un assez prompt avancement; il chercha à être reçu
dans un établissement destiné à former des moniteurs
pour les écoles des départements; il ne put y être admis. Il
écrivit à un membre de la Chambre des Députés pour lui
demander de l'admettre dans son institut agricole, il n'en
eut pas de réponse, et suivit alors ses parents qui quit-
tèrent Narbonne et vinrent se fixer à Perpignan. Dans
cette ville, il se mit à étudier l'espagnol et la tenue des
livres, pour entrer dans une maison de commerce. « J'é-
« tais, a-t-il dit, préoccupé de l'idée d'être utile à mes
« parents; cette idée et mes projets contre le Roi se
« combattaient en moi. J'avais ajourné mes projets,

2.

«j'espérais un mouvement révolutionnaire; je ne pou-
«vais me persuader que le peuple supporterait toujours
«le gouvernement du Roi; je me berçais de ces pensées,
«et en attendant je me disais que je pourrais donner
«du pain à mes parents.»

Alibaud vit plusieurs fois à Perpignan le sieur
Corbière, qui vous a déjà été signalé dans le procès
d'Avril comme le chef de la société des Droits de
l'homme dans le Roussillon. Interrogé sur ses rapports
avec lui, *Alibaud* a répondu : «Je n'étais pas de sa
«caste; il tenait le rang de bourgeois, et moi je n'étais
«que le fils d'un aubergiste, je ne le fréquentais donc
«pas.» Cependant on le trouve se présentant comme
second dans un duel que *Corbière* faillit avoir.

A cette époque, un mouvement révolutionnaire se
préparait en Catalogne; les réfugiés polonais et italiens
y accouraient de tous côtés; ils espéraient, comme
Alibaud l'a déclaré, s'emparer du pouvoir, proclamer
la déchéance de la reine d'Espagne et établir la république.

Les réfugiés étrangers qui traversaient Perpignan,
et qui logeaient chez *Alibaud* père, connaissaient les
projets formés sur la Catalogne et les espérances des
révolutionnaires. On promit à *Alibaud*, qui avait été
militaire pendant cinq ans, de l'attacher comme aide-
de-camp au général que l'on supposait devoir appuyer
de son nom cette coupable entreprise. *Alibaud* partit
pour Barcelonne. Il avait sur lui, d'après ses propres
déclarations, une somme qu'on peut évaluer à environ
250 francs. En Espagne, il fut, dit-il, défrayé de sa
dépense par des débiteurs de son père, et son retour

en France ne lui coûta que fort peu de chose. A Barcelonne, où il séjourna quatre ou cinq semaines, il
fréquenta surtout ces étrangers dans les têtes desquels fermentaient les idées révolutionnaires et régicides, et qui voulaient renverser le gouvernement qui
leur donnait asile. « C'est la révolution d'Espagne,»
dit *Alibaud* dans ses interrogatoires, «qui a achevé
«d'exalter mes idées, si on peut appeler cela de l'exalta-
«tion. »

La nomination du général *Mina* ayant déjoué les
projets des conspirateurs, *Alibaud,* qui n'avait pu
obtenir d'être nommé officier dans les troupes espa-
gnoles, revint à Perpignan vers le 20 octobre 1835.

On lui a demandé « quel nouveau plan il avait
«formé, en rentrant en France, pour assurer son exis-
«tence?»

«A ma rentrée en France, j'étais bien dégoûté de
«tout; ce fut alors que je me décidai à venir à Paris. »

«Que comptiez-vous faire à Paris ? » Il répond : « Ce
«que j'ai manqué de faire.»

«Ce serait donc en Espagne que vous auriez arrêté
«le projet d'assassiner le Roi?»

«Je n'étais pas encore tout à fait décidé en quittant
«l'Espagne; mais, arrivé en France, je me décidai
«totalement. Ce fut le départ du duc d'Orléans pour
«l'Afrique qui me détermina à venir à Paris.»

«En quoi le départ du Prince royal a-t-il pu vous
«déterminer à donner suite à vos projets de voyage à
«Paris?»

«En ce que, le Roi mort, et le duc d'Orléans ne se

« trouvant pas à Paris, la révolution eût été plus facile
« qu'à toute autre époque. »

Heureusement, Messieurs, il se trompait dans ses
calculs impies. La mort du Roi, le plus grand des mal-
heurs qui auraient pu nous frapper, l'absence du Prince,
héritier légitime de la couronne et si digne de la recueillir un jour, n'eussent point amené le bouleverse-
ment que, dans son délire, avait rêvé l'assassin. Les
droits du Prince royal au trône de France n'ont point
été en vain confiés au patriotisme et au courage de
tous les citoyens; les Chambres, tous les corps de
l'État eussent maintenu la loi de l'hérédité constitutionnelle du trône; et l'armée, au milieu de laquelle
le Prince se trouvait alors, et qui la première eût salué
le nouveau Roi, aurait répété avec toute la France le
vieux cri de nos pères : *Le Roi est mort, vive le Roi !*

Rentré en France, *Alibaud* ne passa que quinze
jours à Perpignan; il partit pour Paris avec 250 francs,
s'arrêta deux ou trois jours à Bordeaux. Il acheta à
Chatellerault, pour la somme de 5 francs, le couteau-
poignard qui a été saisi sur lui au moment de l'attentat.
Enfin il arriva le 17 novembre dernier, n'ayant plus
que 80 ou 90 francs en sa possession.

Dès ce moment, l'instruction a dû s'attacher à toutes
les démarches d'*Alibaud* et rechercher tous ceux qui,
liés avec lui, auraient pu recevoir la confidence de son
affreux projet, l'exciter ou l'aider dans son exécution.

Alibaud descendit à l'hôtel du Rhône, rue de Grenelle-Saint-Honoré; il y resta dix jours. On n'a con-

servé aucun souvenir circonstancié de son séjour dans cette maison.

Pendant deux mois, il habita l'hôtel garni, rue de Valois-Batave, n° 5; il prenait sa nourriture chez le portier; il voyait peu de monde, et, si l'on en croit les témoins entendus dans l'instruction, ne parlait jamais politique.

Le premier mois, il solda sa dépense; mais bientôt, ses ressources étant épuisées, il ne put ni payer son loyer, ni sa nourriture; il annonçait un profond dégoût de la vie, et le 19 de janvier il demanda au portier de l'hôtel de lui acheter 10 livres de charbon, dont il avait l'intention de se servir pour attenter à ses jours.

Avant cette dernière époque, et dans la première quinzaine de décembre, *Alibaud* raconte qu'un journal ayant fait connaître le sieur *Devisme* comme fabricant de fusils-canne et d'armes nouvelles, il se rendit chez lui, et se donna pour un commis-voyageur qui pourrait lui procurer la vente des armes de sa fabrique. Il le revit plusieurs fois, et dans sa conversation, étrangère à la politique, il ne s'occupait que d'intérêts commerciaux et des facilités que ses relations dans le Midi pouvaient lui offrir pour placer ces différentes armes.

Alibaud essaya plusieurs de ces fusils-canne, qui, se trouvant trop chargés, ne purent résister à l'effort de la poudre. Il voulut payer le dernier de ces fusils qui avait crevé entre ses mains; *Devisme* refusa ce payement et lui confia, dans une caisse, quatre fusils-canne, une cravache-pistolet et deux cents cartouches, dont vingt à balle. Ces objets, plus tard, lui furent en partie renvoyés, et *Devisme* ne revit *Alibaud* que le jour même de son crime.

Pendant les deux mois qu'*Alibaud* resta rue de Valois-Batave, il ne se livra à aucun travail : son unique occupation, dit-il, était de suivre le Roi; il l'attendait à la porte de l'Opéra, se promenait dans les environs des Tuileries, dans les Tuileries mêmes, et cherchait à s'approcher de la voiture du Roi pour consommer le crime dont il était préoccupé.

Alibaud avait retrouvé à Paris Léonce *Fraisse*, âgé de 20 ans, mais avec qui cependant il avait étudié à Narbonne. Il lui confia son dénûment et l'état de misère auquel il était réduit. Léonce *Fraisse* vendit ses propres effets pour donner quelques secours à *Alibaud*. Il partagea pendant quinze jours ou trois semaines son lit avec lui. Il le menait souvent dîner chez sa mère, et se donna beaucoup de mouvement pour lui trouver un emploi. C'est lui qui le plaça dans un magasin de broderies tenu par les demoiselles *Duperly*. C'est par Léonce *Fraisse* qu'*Alibaud* fit remettre à *Devisme* une caisse contenant trois des fusils-canne qu'il lui avait confiés. Il écrivit à *Devisme* qu'on lui avait volé le quatrième dans un café; Léonce *Fraisse* était confident de la rétention de cette arme. *Alibaud* a déclaré avoir dit à *Fraisse* qu'il la conservait pour s'en servir lorsqu'un mouvement révolutionnaire viendrait à éclater. Toutes ces circonstances, connues dès les premiers moments qui suivirent l'attentat, motivèrent l'arrestation de Léonce *Fraisse*, qui du reste était absent de Paris depuis plusieurs jours, pour les affaires de commerce de son frère : il allait à Beaucaire, en passant par Bordeaux et Toulouse.

Ramené à Paris et interrogé par M. le Président, *Fraisse* affirme qu'*Alibaud*, en le chargeant de porter à *Devismes* la boîte qui renfermait les trois fusils-canne lui avait dit qu'il comptait payer plus tard celui qu'il conservait, dans l'intention de le donner à son père pour tuer de petits oiseaux; qu'*Alibaud* venait d'être placé, et devait consacrer le montant de ses appointements du premier mois à payer cette arme ; et que, sans cela, il ne se serait pas chargé de sa commission.

Léonce *Fraisse* déclare avoir eu des discussions assez vives sur la politique avec *Alibaud*, qui, dit-il, « était « beaucoup plus avancé que moi; il était de la Monta- « gne et moi de la Gironde ».

Une réponse d'*Alibaud* fait encore mieux connaître la différence de leurs opinions politiques.

«Suivant la manière de voir de *Fraisse*, dit *Alibaud*, « le système suivi par *Robespierre* était un système de sang « qu'il désapprouvait; moi je croyais que c'était un sys- « tème qui pouvait nous ramener à une vraie république ».

Léonce *Fraisse* s'est empressé d'affirmer que, s'il avait su les intentions d'*Alibaud*, il se serait attaché à lui comme son ombre : il jure sur l'honneur que, s'il lui connaissait des complices, il le dirait.

L'interrogatoire subi par Léonce *Friasse* a été long et détaillé; il n'a pas justifié les préventions que son intimité avec *Alibaud*, et les circonstances que nous avons rapportées, avaient naturellement fait naître. *Fraisse* a été mis en liberté.

Dans le milieu de février, *Alibaud* fut placé dans le magasin des demoiselles *Duperly ;* il n'y resta que quinze jours. Il entra en qualité de commis teneur de livres chez le sieur *Batiza,* marchand de vin, rue Saint-Sauveur; il devait recevoir 400 francs par an et être logé et nourri. Interrogé sur l'emploi de son

3

temps dans cette maison : « J'étais, a-t-il répondu,
« occupé dès le matin jusqu'à neuf heures du soir ;
« je sortais seulement à cette heure pour aller lire les
« journaux ; mon travail ne me permettait pas de suivre
« le Roi, ce qui contribua à me dégoûter de cette
« maison. J'eus une légère altercation avec mon pa-
« tron, et je le quittai. Je n'en étais pas fâché, sous
« un rapport : le beau temps approchait, je pensai que
« le Roi sortirait plus souvent ; je désirais trouver un
« emploi dans lequel je serais plus libre, afin de pou-
« voir le suivre. J'avais renoncé à l'idée de tirer sur le
« Roi lorsqu'il serait en voiture, ayant remarqué que
« les stores étaient souvent baissés, et qu'il y avait
« presque toujours des dames avec lui. Je formai alors
« le dessein de tirer sur le Roi lorsqu'il se promènerait
« dans le petit jardin particulier qui lui est destiné en
« avant des Tuileries : je n'ai jamais pu l'y voir ; j'a-
« joute que j'ai surveillé plus particulièrement le Roi
« depuis le départ des Princes. »

Batiza avait renvoyé *Alibaud* de chez lui parce
qu'il faisait fort négligemment l'ouvrage dont il était
chargé. Plusieurs fois il s'était fait remarquer par l'exaltation de ses idées républicaines. Un jour qu'on expri-
mait devant lui l'horreur qu'inspirait le crime de *Fieschi*, il prit la défense de ce misérable. Le témoin *Manoury*, qui était avec lui chez *Batiza*, lui ayant fait
quelques reproches sur la négligence qu'il apportait à
son service, *Alibaud* lui répondit : « quand j'ai mes
« idées dans ma tête, je ne pense pas à cela. » Du
reste, ajoute le témoin, *Alibaud* m'a toujours paru
d'un caractère honnête et tranquille ; il ne s'emportait
que quand il parlait politique ; il voyait peu de monde ;

Fraisse seul venait souvent le voir. La déposition de *Batiza* est conforme à celle de *Manoury*; il ajoute seulement qu'*Alibaud* sortait souvent, qu'il prolongeait ses absences et ne rentrait le soir qu'assez tard. On lui connaissait son poignard, mais jamais on n'avait vu sa canne; et cependant on allait dans sa chambre, qui n'était pas fermée, et même *Batisa* avait eu l'occasion de voir tout ce qui était dans sa malle; cette canne n'avait jamais frappé ses regards.

En sortant de chez *Batiza*, *Alibaud* alla loger dans la rue des Marais-Saint-Germain, n° 3; il entra dans cet hôtel le 25 mai; le prix de son logement était de 10 francs par mois: il paya la première quinzaine et ne put solder la seconde, non plus que trois chandelles et une feuille de papier qu'il doit encore au portier de la maison. *Bothrel*, qui avait connu *Alibaud* à Strasbourg, est venu deux fois le voir dans la première quinzaine de juin. Du reste, *Alibaud* ne parlait à qui que ce fût et ne connaissait aucune des personnes qui étaient logées dans cette maison; il sortait tous les jours avant midi et ne rentrait que vers onze heures.

Le portier, qui faisait sa chambre, a vu sous sa commode, dans le commencement de juin, la canne dont *Alibaud* s'est servi pour commettre son crime. Il en ignorait la destination; il l'examina et la replaça sous la commode, sans en parler à personne, pensant que c'était un instrument inoffensif.

Alibaud, interrogé sur l'emploi de son temps dans le dernier mois, déclare qu'il sortait après son déjeuner lorsqu'il savait que le Roi devait venir à Paris, et qu'il allait le plus souvent l'attendre aux Tuileries. Il dînait

3..

chez le sieur *Dubois*, qui tenait une pension bourgeoise rue Furstemberg, et passait une grande partie de son temps dans le café-estaminet allemand, rue du Colombier, n° 4. Il rentrait toujours entre onze heures et minuit. *Alibaud* était alors tombé dans le plus complet dénûment. Pour obtenir quelque crédit dans la pension où il prenait ses repas et dans le café qu'il fréquentait, il avait eu recours à des mensonges : il se disait employé dans une maison de commerce où il ne devait toucher ses premiers appointements qu'à la fin du mois.

Il est ainsi resté vingt jours sans avoir un sou en sa possession, sollicitant de la bienveillance de ceux avec qui il se trouvait un peu de tabac qu'on ne lui accordait pas toujours. Le jour de l'attentat, ou la veille, il vendit pour trente sous un dictionnaire de poche espagnol, afin de satisfaire à ce besoin pressant; les vingt-trois sous trouvés sur lui provenaient de cette vente. Telle était sa situation au moment de l'attentat.

Dans son interrogatoire du 30 juin, *Alibaud* rend un compte détaillé de l'emploi de son temps le 25, jour de l'attentat; nous croyons devoir reproduire ici ses propres paroles.

« Je me suis levé vers dix heures. Je suis allé d'a-
«bord au café *Félix* lire le journal; je ne me rappelle
«pas quel journal j'ai lu, mais je ne me suis arrêté,
«comme de coutume, qu'à l'article sur le Roi et les
«Princes. Je suis allé de là déjeuner à ma pension ; et,
«après le déjeuner, j'ai été chez moi prendre ma canne.
«J'ai suivi la rue des Marais; entré dans la rue des
«Petits-Augustins, je tournai à gauche et suivis la rue
«Jacob et celle de l'Université jusqu'à la rue du Bac.

«Dans cette rue, j'entrai chez un épicier, qui est le
«dernier à gauche en montant au pont Royal. Voyant
«qu'il n'était qu'onze heures un quart, présumant que
«le Roi ne viendrait qu'à midi, selon son habitude,
«je suivis le quai des Tuileries et entrai dans les
«Champs-Élysées.

«Voyant des sergents de ville à l'entrée et dans l'a-
«venue des Champs-Élysées, j'acquis la certitude que
«le Roi n'était pas arrivé; je l'attendis.

«Apercevant le Roi dans l'avenue, je revins me
«poster à l'entrée des Champs-Élysées, à côté des
«constructions nouvelles, à droite en allant aux Tui-
«leries.

«Pour ne pas éveiller de soupçons, je liai conversa-
«tion avec un individu qui se trouvait là.

«Quelques minutes après, le Roi passa; mais il n'é-
«tait pas placé à ma fantaisie et de manière à ce que
«je pusse l'atteindre, ce qui m'empêcha de le mettre
«en joue.

«Dès lors je me rendis chez moi pour y déposer
«ma canne, et fus au café, où je fis une partie de
«billard avec *Cauvry*. Je le quittai en refusant de faire
«*la belle*, parce que l'heure me pressait. Je fus re-
«prendre ma canne et me dirigeai vers les Tuileries,
«en prenant le nouveau pont, où je changeai une pièce
«de deux sous; on me rendit un sou, et, comme je ne
«voulais pas déboutonner ma redingote pour réunir ce
«sou aux 22 que j'avais dans mon gilet, parce que
«je craignais de faire tomber mon poignard, je plaçai
«ce sou dans la poche de ma redingote, où il aura été
«trouvé.

«Arrivé sur la place du Carrousel, je vis que le Roi

« n'était pas parti ; je le jugeai au nombre des voitures
« qui stationnaient encore dans la cour et aux gens de
« livrée qui se trouvaient aux portes : alors je liai con-
« versation avec le garde national qui était de faction à
« la grille de l'Arc-de-Triomphe. Je lui parlai du mo-
« nument et restai assez longtemps avec lui, environ
« une demi-heure. Quand je vis les voitures du roi
« déboucher de la rue Saint-Thomas-du-Louvre, je
« quittai le factionnaire et fus me mettre à l'endroit où
« j'ai été saisi. »

Une perquisition fut faite au domicile d'*Alibaud* ;
elle y fit découvrir un petit paquet de poudre, quelques
ouvrages insignifiants, le premier volume des *Martyrs*,
et enfin un exemplaire des *Œuvres de Saint-Just.*

La Cour n'a pas oublié que ce dernier ouvrage fut
prêté par *Pepin* à *Fieschi :* coïncidence remarquable de
lectures et de crimes, qui indique peut-être que l'exaltation dépravée de quelques esprits tire sa source d'une
doctrine commune et d'une même direction d'idées ;
et que c'est surtout par l'exploitation des souvenirs révolutionnaires que l'esprit révolutionnaire se nourrit et
se propage.

Nous ne reproduirons pas en entier les différents
interrogatoires qu'*Alibaud* a subis ; nous en avons extrait tout ce qu'il pouvait être utile d'en savoir pour
connaître cet homme et apprécier toute sa perversité.

Alibaud avoue son crime, il s'en applaudit ; il re-
grette de n'avoir pas réussi, et malgré les apparences de
ce délire infernal, nous devons déclarer que tout, dans
ses réponses, dans la suite de ses actions, dans l'ordre de
ses idées, annonce une intelligence dépravée sans doute,
mais toujours maîtresse d'elle-même, qui a longtemps

réfléchi sur son crime, qui en a conçu, qui en a mesuré toute l'étendue, et qui s'est froidement et librement déterminée à le commettre.

Alibaud a-t-il obéi aux inspirations spontanées d'une mauvaise passion, ou ne serait-il que l'instrument fanatique d'une faction exécrable qui s'efforce par le meurtre et l'assassinat de bouleverser le pays, et ne s'attaque au Roi que parce qu'elle voit en lui le représentant vivant de l'ordre, de la morale et de la civilisation française?

Rien n'indique dans la procédure que dans son régiment *Alibaud* eût manifesté la coupable pensée du crime que plus tard il a réalisé. Si son imagination s'est exaltée dans les réunions républicaines de la Catalogne, y aurait-il pris l'engagement de commettre son crime? c'est ce que l'instruction ne pouvait nous apprendre, car elle ne pouvait embrasser des faits qui se seraient passés dans un pays étranger, où la justice de France manquait de moyens efficaces d'investigations.

L'étrange coïncidence qui a fait commettre le crime le jour et dans le moment où le sergent *Devisme* commandait aux Tuileries le poste de la garde nationale, devait nécessairement préoccuper les esprits. *Devisme* était le fabricant de cette arme perfide et prohibée; il l'avait remise lui-même à l'assassin, il l'avait essayée avec lui; n'en aurait-il pas préparé et facilité l'usage parricide? Mais les recherches les plus exactes nous ont démontré que cette coïncidence ne tenait qu'à une de ces combinaisons inexplicables du hasard. On dirait que la Providence a voulu que l'auteur du forfait fût aussitôt reconnu et signalé!

Alibaud n'avait pas aperçu *Devisme* dans la cour

des Tuileries : il s'était entretenu, en attendant les voitures du Roi, avec le factionnaire placé près de l'Arc-de-Triomphe, ainsi que le constate la déposition de ce garde national. Des renseignements dignes de confiance établissent que *Devisme* est dévoué au Roi et à sa famille; aucun soupçon de complicité ne saurait l'atteindre : il ne s'en est pas moins rendu coupable d'un grave délit, en vendant des armes prohibées, dont l'usage criminel a failli devenir si funeste. Nous nous sommes assurés que des poursuites étaient commencées pour la répression de ce délit, et que l'administration avait pris des mesures pour en prévenir le retour.

Les sieurs *Coural* et *Cambourlac* avaient été signalés comme connaissant *Alibaud* et ayant avec lui des relations qui pouvaient être suspectes; mais les témoignages les plus honorables sont venus établir que si ces deux jeunes gens, qui sont de Narbonne, rencontrèrent *Alibaud* une ou deux fois, les relations fugitives qu'ils eurent avec lui n'avaient rien eu de criminel.

Charles *Botrel* était venu deux fois chez *Alibaud*; il a été interrogé : il a établi qu'il avait connu *Alibaud* à Strasbourg, lorsqu'ils étaient tous deux en garnison dans cette ville. L'ayant retrouvé à Paris, *Botrel* chercha à lui être utile et l'engagea à dîner chez lui; mais tous les détails de leur rencontre et de leurs rapports, parfaitement établis, repoussent entièrement l'idée que *Botrel* ait connu les parricides projets d'*Alibaud*. C'est par *Botrel* que *Pierret*, élève en chirurgie, a revu *Alibaud*, qu'il avait aperçu à Strasbourg. *Botrel* et *Alibaud* passant un jour près du Val-de-Grâce, où loge *Pierret*, montèrent chez lui, il leur prêta quelques livres; *Alibaud* emporta le premier volume *des Martyrs;* rien dans ces relations n'était de nature à compromettre ni *Pierret* ni *Botrel.*

Plusieurs autres noms, Messieurs, ont été l'objet d'actives recherches qui ont dissipé les vagues préventions qui, dans les premiers moments, avaient pu atteindre ceux qu'elles avaient un instant signalés.

Il résultait enfin d'un renseignement transmis à M. le Procureur général, que Marie-Louise *Bart,* femme de confiance chez le sieur *Ribet,* rue de Lille, n° 23, avait dit que le jour de l'attentat, passant dans la cour du Carrousel, et désirant voir Sa Majesté monter en voiture, elle s'était placée en avant et à droite du poste de la garde nationale; qu'à l'instant où le Roi passait sous la voûte, elle entendit une détonation et vit arrêter l'assassin, et qu'au même moment elle avait aperçu deux jeunes gens qui se sauvaient en disant : Quel malheur ! le Roi est manqué.

La fille *Bart* a été en conséquence appelée à déposer; elle a déclaré avoir été témoin du crime d'*Alibaud,* de son arrestation et de la fuite précipitée de deux jeunes gens qui auraient tenu, en s'échappant de la cour des Tuileries, par la grille de l'Arc-de-Triomphe, le propos que nous avons rapporté plus haut. La fille *Bart* a ajouté qu'ayant fait part à un individu qui se trouvait près d'elle de ce qu'elle venait de voir, celui-ci lui aurait répondu que cette affaire ne regardait pas les femmes, et que ces jeunes gens allaient chercher du secours. Cet individu était vêtu en bourgeois, et la fille *Bart* a déclaré qu'elle ne saurait le reconnaître. Quant aux deux jeunes gens, elle a dit qu'ils avaient environ vingt-cinq ou vingt-six ans; qu'ils étaient de tailles différentes; qu'ils avaient de la barbe sous le menton, et qu'ils étaient porteurs de redingotes dont elle ne peut indiquer la couleur.

Dans cette situation, il a été impossible de donner aucune suite à ce témoignage, résultat d'une observation faite dans un moment de trouble et de désordre, et qui ne se rattache à aucun autre fait de la procédure.

Ainsi, comme vous le voyez, Messieurs, l'instruction n'a fait connaître personne que l'on puisse désigner comme complice d'*Alibaud*.

Pour se procurer l'arme dont il devait se servir, il fut obligé, faute d'argent, de la dérober à l'armurier qui la lui avait confiée.

Le 26 mai, il n'avait plus de poudre pour charger cette arme, et l'on a constaté qu'à cette époque, et un mois avant l'attentat, il en avait acheté deux onces chez le sieur *Frichot;* une partie de cette poudre saisie chez lui est reconnue pour provenir de la régie, et n'avoir aucun rapport avec celle qui, vers la même époque, se fabriquait clandestinement dans la rue de l'Oursine. L'instruction ne montre *Alibaud* lié avec aucun de ceux qui dans ces derniers temps ont été l'objet de la surveillance de l'administration, et dont les noms ont si souvent retenti dans les tribunaux. Elle ne fait point connaître qu'il ait fait partie d'aucune association secrète, et son forfait ne serait dès lors que le crime d'un seul homme, d'une imagination pervertie par ces insinuations odieuses et mensongères qui tant de fois depuis six ans ont dévoué les rois à la haine des peuples, et par ces doctrines funestes qui voudraient enlever à l'assassinat politique et au suicide le caractère criminel dont la morale chrétienne les a si justement flétris.

Nous ne croyons pas, Messieurs, devoir nous étendre sur votre compétence, jamais elle ne fut plus évidente ; vous l'avez déjà plusieurs fois reconnue et proclamée. L'attentat sur la personne du Roi n'est-il pas l'attentat le plus grave qui puisse être commis dans une monarchie? Ne compromet-il pas au premier chef la sûreté de l'Etat? Ne réunit-il donc pas toutes les conditions qui commandent l'exercice de votre haute juridiction ? Vous n'hésiterez pas, Messieurs, à vous déclarer compétents.

Telle est, Messieurs, l'analyse rapide mais fidèle de l'instruction. Le désir de vous en faire connaître promptement le résultat et de hâter le jour de la justice ne nous a pas fait sacrifier le devoir plus pressant encore de rechercher et d'atteindre les complices d'*Alibaud*, s'il en existait réellement; mais la procédure ne nous ayant rien révélé qui soit de nature à nous faire présumer que nous puissions acquérir de nouvelles lumières, nous nous sommes hâtés de venir vous communiquer le résultat de nos investigations : c'est ainsi qu'il sera démontré à tous que la solennité de votre instruction et des formes protectrices de l'innocence, dont vous aimez à vous environner, peuvent s'allier avec la rapidité dans l'examen des causes et le jugement des accusés.

Puisse ce nouvel attentat être pour le pays un utile avertissement du danger de ces doctrines pernicieuses qui égarent les citoyens et les éloignent de ce Gouvernement monarchique et libre qui a réalisé les généreuses espérances des premières époques de notre révolution, et qui seul peut faire marcher l'humanité vers ces meilleures destinées auxquelles elle doit atteindre!

4.

Puissent enfin tous les Français comprendre qu'a-
près les déchirements qui depuis tant d'années ont
désolé notre pays, c'est à la personne sacrée du Roi
que sont, plus que jamais, attachés le bonheur de la
France et le repos de l'Europe !

COUR DES PAIRS.

ATTENTAT DU 25 JUIN 1836.

ARRÊT

DU SAMEDI 2 JUILLET 1836.

COUR DES PAIRS.

ATTENTAT DU 25 JUIN 1836.

ARRÊT

DU SAMEDI 2 JUILLET 1836.

LA COUR DES PAIRS,

Ouï, dans la séance de ce jour, M. le comte de Bastard, en son rapport de l'instruction ordonnée par l'arrêt du 26 juin dernier;

Ouï, dans la même séance, le Procureur général du Roi, dans ses dires et réquisitions, lesquelles réquisitions par lui déposées sur le bureau de la Cour, et signées de lui, sont ainsi conçues :

« Nous, Procureur général du Roi près la Cour des « Pairs,

« Vu les pièces de la procédure instruite contre le « nommé Louis Alibaud, né à Nîmes, âgé de vingt-« six ans, sans profession, demeurant en dernier lieu « rue des Marais, n° 3, à Paris;

« Attendu que des pièces et de l'instruction résultent
« contre ledit inculpé charges suffisantes de s'être rendu
« coupable d'un attentat contre la vie du Roi, crime
« prévu par les articles 86 et 88 du Code pénal;

« Vu l'article 28 de la Charte constitutionnelle, en-
« semble l'ordonnance royale du 25 juin 1836;

« Attendu que le crime ci-dessus qualifié rentre di-
« rectement dans la compétence de la Cour des Pairs;

« Attendu d'ailleurs qu'il présente le caractère de
« gravité qui doit déterminer la Cour à s'en réserver la
« connaissance,

« Requérons qu'il lui plaise se déclarer compétente;
« décerner ordonnance de prise de corps contre le nom-
« mé Louis Alibaud, ordonner sa mise en accusation,
« et le renvoyer devant la Cour, pour y être jugé con-
« formément à la loi.

« Fait au parquet de la Cour des Pairs, le deux juillet
mil huit cent trente-six.

« *Signé* N. MARTIN (du Nord). »

APRÈS qu'il a été donné lecture par le greffier en
chef et son adjoint des pièces de la procédure,

Et après en avoir délibéré hors la présence du Procureur général,

EN CE QUI TOUCHE la question de compétence:

ATTENDU que l'attentat contre la vie ou la personne
du Roi est rangé par le Code pénal dans la classe des

attentats contre la sûreté de l'État, et se trouve dès lors compris dans la disposition de l'article 28 de la Charte constitutionnelle ;

Attendu que ce crime présente au plus haut degré le caractère de gravité qui doit déterminer la Cour à s'en réserver la connaissance ;

AU FOND :

Attendu que de l'instruction résultent charges suffisantes contre Louis Alibaud de s'être, le vingt-cinq juin 1836, rendu coupable d'attentat contre la vie du Roi,

Crime prévu par les articles 86 et 88 du Code pénal,

LA COUR

Se déclare compétente ;

ORDONNE la mise en accusation de Louis Alibaud ;

ORDONNE en conséquence que ledit Alibaud (Louis), âgé de vingt-six ans, sans profession, né à Nîmes (Gard), demeurant à Paris, rue des Marais-Saint-Germain, n° 3, taille de un mètre soixante-douze centimètres, cheveux noirs crépus, un peu longs, front bas et rond, sourcils noirs très-marqués, yeux bleus, nez gros, bouche un peu grande, menton fourchu, barbe brune, gros favoris sous le menton, visage maigre et allongé, teint brun,

Sera pris au corps et conduit dans telle maison d'ar-

5

rêt que le président de la Cour désignera, pour servir de maison de justice près d'elle;

ORDONNE que le présent arrêt, ainsi que l'acte d'accusation dressé en conséquence, seront, à la diligence du procureur général du Roi, notifiés audit accusé;

ORDONNE que les débats s'ouvriront au jour qui sera ultérieurement indiqué par le président de la Cour, et dont il sera donné connaissance au moins trois jours à l'avance audit accusé;

ORDONNE que le présent arrêt sera exécuté à la diligence du Procureur général du Roi.

FAIT ET DÉLIBÉRÉ au palais de la Cour des Pairs, à Paris, le deux juillet mil huit cent trente-six, en la chambre du conseil, où siégeaient : M. le Baron PASQUIER, Président, et MM. le Duc DE GRAMMONT, le Duc DE MORTEMART, le Duc DE CHOISEUL, le Duc DE BROGLIE, le Duc DE MONTMORENCY, le Duc DE LAFORCE, le Maréchal Duc DE TARENTE, le Marquis DE MARBOIS, le Marquis DE JAUCOURT, le Comte KLEIN, le Duc DE CASTRIES, le Duc DE LA TRÉMOILLE, le Duc DE BRISSAC, le Duc DE CARAMAN, le Comte COMPANS, le Comte D'HAUSSONVILLE, le Comte MOLÉ, le Comte RICARD, le Comte DE NOË, le Comte DE LA ROCHE-AYMON, le Duc DE MASSA, le Duc DECASES, le Comte CLAPARÈDE, le Vicomte D'HOUDETOT, le Baron MOUNIER, le Comte REILLE, l'Amiral Comte TRUGUET, le Vice-Amiral Comte VERHUEL, le Comte DE GERMINY, le Comte D'HUNOLSTEIN, le Comte DE LA VILLEGONTIER, le Marquis D'ARAGON, le Maréchal

Duc DE CONÉGLIANO, le Comte DE BASTARD, le Comte PORTALIS, le Duc DE PRASLIN, le Comte SIMÉON, le Comte ROY, le Comte DE VAUDREUIL, le Comte DE TASCHER, le Maréchal Comte MOLITOR, le Comte GUILLEMINOT, le Vicomte DUBOUCHAGE, le Comte DAVOUS, le Comte DE SUSSY, le Comte DE BOISSY-D'ANGLAS, le Duc DE NOAILLES, le Marquis DE LAPLACE, le Duc DE LA ROCHEFOUCAULD, le Comte CLÉMENT-DE-RIS, le DUC D'ISTRIE, le Marquis DE BRÉZÉ, le Duc DE PÉRIGORD, le Marquis DE CRILLON, le Duc DE RICHELIEU, le Marquis BARTHÉLEMY, le Comte HERWYN DE NEVÈLE, le Duc DE BASSANO, le Comte DE BONDY, le Comte DE CESSAC, le Baron DAVILLIER, le Comte GILBERT-DE-VOISINS, le Président LE POITEVIN, le Comte DE TURENNE, le Prince DE BEAUVAU, le Comte D'ANTHOUARD, le Comte DUMAS, le Comte EXCELMANS, le Comte DE FLAHAULT, le Vice-Amiral Comte JACOB, le Comte PAJOL, le Vicomte ROGNIAT, le Comte PERREGAUX, le Baron DE LASCOURS, le Comte ROGUET, GIROD (de l'Ain), le Baron ATTHALIN, BESSON, le Président BOYER, COUSIN, le Comte DESROYS, le Comte DUTAILLIS, le Duc DE FEZENSAC, le Baron DE FRÉVILLE, GAUTIER, le Comte HEUDELET, le Baron MALOUET, le Comte DE MONTGUYON, le Comte D'ORNANO, le Chevalier ROUSSEAU, le Baron SILVESTRE DE SACY, TRIPIER, VILLEMAIN, le Baron ZANGIACOMI, le Comte DE HAM, le Comte BÉRENGER, le Comte GUÉHÉNEUC, le Comte de NICOLAÏ, le Président FÉLIX FAURE, le Comte DE LABRIFFE, le Comte BAUDRAND, le Baron NEIGRE, le Comte DUCHÂTEL, le Maréchal Comte GÉRARD, le Baron HAXO, le Baron LALLEMAND, le Baron DUVAL, le Comte REINHARD, le Baron BRAYER, le Maréchal Comte DE LOBAU, BARTHE, le Comte D'ASTORG, BAILLOT, le Baron BERNARD, DE CAMBACÉRÈS, le Baron DE CAMBON, le Comte CORBINEAU, le Marquis DE CORDOUE, le Baron FEUTRIER, le Baron FRÉTEAU DE PÉNY, le Vicomte PERNETY, DE RICARD, le Marquis DE ROCHAMBEAU, le Vicomte DE ROHAN-CHABOT, le Baron DE SAINT-AIGNAN, le Vicomte SIMÉON, le Comte VALÉE, le Baron LEDRU-DES-ESSARTS, le Baron MORTIER, le Comte DE RAMBUTEAU, le Comte DE SERRANT, DE BELLEMARE, le Baron DE MOROGUES, le Baron VOYSIN-DE-GARTEMPE, le Baron DE CAMPREDON.

Lesquels ont signé avec le Greffier en chef la minute du présent arrêt.

Pour expédition conforme :

Le Greffier en chef,

E. CAUCHY.

COUR DES PAIRS.

ATTENTAT DU 23 JUIN 1836.

ACTE D'ACCUSATION.

ACTE D'ACCUSATION

CONTRE

LOUIS ALIBAUD.

———

LE PROCUREUR GÉNÉRAL PRÈS LA COUR DES PAIRS

EXPOSE que, par arrêt en date du 2 juillet 1836, la Cour a ordonné la mise en accusation du nommé Louis Alibaud, né le 4 mai 1810, à Nîmes, commis-voyageur, demeurant à Paris, rue des Marais-Saint-Germain, n° 3;

DÉCLARE, le Procureur général, que des pièces du procès et de l'instruction résultent les faits suivants :

L'éminente sagesse qui sut, en dépit des factions, conserver à la révolution la plus glorieuse et la plus légitime sa pureté primitive, et assurer à la France la paix et la liberté, appelait naturellement sur la personne sacrée du Roi la fureur ou plutôt la rage de ces factions vaincues et des Séïdes qu'elles enfantent souvent à leur insu. Après avoir longtemps essayé de compromettre directement et à visage découvert le repos et la prospérité du pays, elles descendirent de défaite en défaite jusqu'à comprendre l'odieuse et lâche pensée d'un assassinat. On exhuma de l'oubli des pages encore couvertes du sang qu'elles firent verser il y a plus de quarante ans, des

écrits où l'infâme doctrine du régicide est ouvertement
professée; on commenta de mille manières ces vieilles et
détestables idées; on couvrit la France de pamphlets in-
cendiaires spécialement dirigés contre la personne du Roi.
La conséquence de ces manœuvres impies pouvait être la
tentative du crime qu'elles avaient pour but de préparer.
Il y a, en effet, dans les doctrines les plus funestes, une
certaine contagion qui s'attaque aux cœurs dépravés,
aux esprits malades, et qui les pousse au fanatisme. Une
législation forte a sans doute arrêté l'effroyable invasion
de ce mal; elle a désormais placé entre ces doctrines et
nous une insurmontable barrière; il n'est plus permis, il
ne le sera plus, de livrer à la haine et au mépris celui
qui aurait droit à nos respects et à notre admiration, alors
même que la constitution du pays n'aurait point proclamé
son inviolabilité. Mais les institutions humaines n'ont
d'influence certaine que sur l'avenir; il ne leur est pas
toujours donné de rétroagir sur le passé. Il pouvait donc
se rencontrer une de ces organisations à part qui, par
une sorte d'anomalie, réunît en elle toutes les conditions
nécessaires pour un crime dont la cause est aujourd'hui
détruite : des idées démagogiques avec des inclinations
basses et perverses, la misère et le désœuvrement, la cu-
pidité et la paresse, l'ignorance et la vanité, le désir im-
modéré de parvenir avec l'inhabileté à tout, et au fond
de tout cela un dégoût profond de la vie. Il faut donc le
dire, parce que la force des choses et la vérité nous y con-
traignent, l'attentat du 25 juin est une conséquence nécessairement isolée; c'est plutôt un effet qu'un fait actuel; il
n'est pas de son temps; il n'appartient pas à notre époque
de calme, de rapprochement et de prospérité : d'une part,
il se rattache aux cinq années de prédications anarchi-
ques dont la sagesse du législateur nous a pour jamais
séparés; de l'autre, il suppose dans son auteur cette al-
tération profonde et complète de la conscience du bien

et du mal, triste et funeste conséquence du désordre de l'esprit et du cœur.

Le 25 juin 1836, à six heures vingt-cinq minutes du soir, le Roi, la Reine et Son Altesse Royale madame Adélaïde venaient de monter en voiture au Palais des Tuileries, pour se rendre à Neuilly; les glaces des portières étaient baissées; la voiture allait franchir la grille du guichet du pont Royal, lorsqu'un homme, placé dans la cour auprès de l'une des bornes charretières, dirigea sur la personne du Roi une canne-fusil qu'il déchargea immédiatement. Par un miraculeux hasard, le Roi saluait, au même moment, le poste de la garde nationale sous les armes, et la balle, passant à quelques lignes au-dessus de sa tête, alla frapper intérieurement l'un des angles supérieurs de la voiture, et pénétra à une profondeur de plus d'un pouce dans une traverse de bois de chêne.

L'assassin fut immédiatement arrêté: c'était un jeune homme de vingt-cinq ans environ, coiffé d'un chapeau noir et vêtu d'une redingote foncée et d'un pantalon de drap à côtes; il portait sous le menton une barbe épaisse et très-brune.

Entraîné au corps de garde, il fut immédiatement fouillé; on trouva sous ses vêtements un poignard ouvert, *dont il avait essayé de se saisir* à l'instant de son arrestation, quelques objets de la plus mince valeur, et notamment un peigne, deux pipes, un papier renfermant du tabac à fumer et vingt-trois sous. Toutes les personnes qui l'environnaient à cet instant l'entendirent manifester hautement l'affreux regret de n'avoir pas atteint le Roi. Un docteur en médecine, appelé au moment même, ayant fait remarquer que son cœur battait fortement, l'assassin lui dit : «Ce n'est pas de peur : c'est plutôt par «regret de n'avoir pas réussi.»

Par une coïncidence remarquable, cette homme fut

6

aussitôt connu qu'arrêté. Le sergent qui commandait le poste de la garde nationale était un sieur Devisme, armurier, rue du Helder, n° 14. C'est lui qui, le premier, mit la main sur l'assassin à l'instant de l'explosion. Au mois de décembre 1835, un individu se disant commis-voyageur s'était présenté chez lui, sous le nom d'Alibaud : il avait offert au sieur Devisme de se charger, pour les vendre, de quelques-uns des produits de sa fabrique, et reçut en effet de lui trois cannes-fusils, placées dans une boîte à compartiments. A quelque temps de là, n'entendant point parler d'Alibaud, Devisme se rendit à son domicile, rue de Valois-Batave, n° 7, avant huit heures du soir. Alibaud était enfermé avec une femme qu'il avait rencontrée quelques instants avant dans la rue; il offrit cependant au sieur Devisme de le revoir. Celui-ci n'insista point et se retira. Le lendemain, un jeune homme se présenta chez l'arquebusier, apportant la caisse et une lettre d'Alibaud, qui, en renvoyant deux des cannes-fusils par son ami Léonce Fraisse, annonçait que la troisième lui avait été volée dans un café, et promettait d'en rembourser le prix (la somme de trente francs) aussitôt que ses facultés le lui permettraient. L'assassin était précisément ce même Alibaud, et la canne-fusil, instrument de son crime, était aussi celle qu'il avait prétendu lui avoir été volée. Ainsi, comme on le voit, il préludait par un abus de confiance au plus horrible des attentats. Cette circonstance n'est pas sans gravité, parce qu'on y trouve une forte présomption de l'isolement du coupable, et qu'elle conduirait à penser qu'il ne faut pas voir dans cet assassin, réduit à s'approprier par un délit l'arme qui doit attenter aux jours du Roi, l'agent direct et soldé d'une faction, mais bien le fanatique dont le bras a été armé par de funestes et fausses doctrines soutenu et encouragé sans doute par l'orgueil et la paresse.

Il n'est pas sans intérêt de constater également que la poudre saisie au domicile de l'accusé, et dont une partie avait servi à commettre le crime, n'offre aucune analogie avec celle qui provient de la fabrication illicite de la rue de l'Oursine, et que l'instruction a d'ailleurs établi qu'elle avait été achetée, le 26 mai, chez le sieur Frichot, quincaillier-débitant, rue Dauphine.

L'arrestation de l'assassin en flagrant délit, ses paroles au moment de cette arrestation ne permettaient aucun doute sur sa culpabilité. Depuis, les dépositions des témoins qui l'ont vu, les interrogatoires qu'il a subis ont achevé la démonstration de son crime. Alibaud se reconnaît ou plutôt se proclame coupable. Il a, s'il faut l'en croire, conçu et arrêté la résolution de l'attentat le jour où une ordonnance royale déclara Paris en état de siége, le 6 juin 1832; il voit dans le Roi que la France s'est choisi, et dont elle a si bien le droit d'être fière, le plus mortel ennemi des peuples; il avait pris la vie en dégoût et méditait un suicide; il a du moins voulu, dit-il, utiliser sa mort dans l'intérêt des peuples. Telles sont les effroyables pensées que l'assassin jette incessamment en réponse aux questions des magistrats qui l'interrogent. On lui remet une plume pour signer un procès-verbal, il fait précéder sa signature de cette phrase : *Je n'ai qu'un regret, celui de n'avoir pas réussi.* S'il faut l'en croire, il s'attache depuis plus de six mois à suivre toutes les démarches du Roi, pour saisir l'occasion de le frapper de mort. Il a fait diverses expériences sur la manière de charger les cannes-fusils, perfectionnées par le sieur Devisme, et il a reconnu qu'une quantité de vingt-huit grains de poudre était précisément ce qui convenait pour assurer à la balle une direction exacte et suffisamment meurtrière. Dans cet état des faits, la procédure devait avoir pour but principal l'investigation des antécédents de l'accusé, des sentiments politiques qui

6.

l'animaient, et surtout l'examen de la question de complicité. Quelques mots suffiront pour rendre compte des résultats de l'instruction.

Louis Alibaud est né à Nîmes, le 2 mai 1810, du sieur Barthélemy Alibaud, conducteur de diligences, et de Thérèse-Magdeleine Barrière. Son père quitta Nîmes vers la fin de 1827; il vint s'établir à Narbonne, où il fut successivement limonadier et cabaretier-logeur; il quitta Narbonne en octobre 1834, pour demeurer à Perpignan. L'accusé Louis Alibaud s'engagea volontairement dans le 15e léger et fut immatriculé au corps le 26 juillet 1829. Il fut nommé caporal le 29 septembre 1830, devint fourrier, le 6 juin 1831, et sergent-fourrier le 13 septembre 1833; il fut mis en congé de réforme le 17 janvier 1834. Louis Alibaud retourna quelque temps à Narbonne, où on le vit fréquenter habituellement les cafés où se trouvaient aussi des jeunes gens connus par l'exaltation de leurs opinions républicaines. Au mois de février 1835, il fut admis comme employé dans la télégraphie, aux postes de Montredon et de Carcassonne. Le 5 septembre de la même année, il prit à la préfecture des Pyrénées-Orientales un passe-port pour l'Espagne, et arriva à Barcelonne le 11 du même mois. Son but était de se réunir aux réfugiés italiens et polonais qui devaient prendre part, dans cette ville, à un mouvement insurrectionnel, pour proclamer la déchéance de la Reine et la république. Son père, dont les opinions hostiles au Gouvernement sont bien constatées, lui avait donné l'autorisation et les moyens de partir. On ne saurait douter que les relations d'Alibaud, à Barcelonne, avec ces hommes dont l'effroyable mission paraît être de porter partout le désordre et de payer par la guerre civile l'hospitalité qu'ils reçoivent, n'aient été pour beaucoup, sinon dans la résolution même d'Alibaud, au moins dans cette coupable frénésie qui a produit son crime. C'est à son retour d'Espagne, et quand les fauteurs de désordre dont il faisait partie eurent été chassés par les troupes de la Reine, qu'Alibaud vint à Paris, et c'est presque immédiatement qu'il s'empara, au moyen d'une escroquerie caractérisée, de l'arme dont il fera, six mois plus tard, un si criminel usage.

Alibaud, arrivé à Paris en novembre 1835, se logea d'abord à l'hôtel du Rhône, rue de Grenelle-Saint-Honoré, n° 7; il y resta dix jours seulement. La maîtresse de l'hôtel et le garçon de service n'ont pu rendre compte des démarches et des relations d'Alibaud pendant ces dix jours. Vers la fin de novembre, l'accusé habita l'hôtel du sieur Morin, rue de Valois-Batave, n° 5, et y resta jusqu'à la fin de janvier 1836. C'est pendant son séjour dans cet hôtel qu'il eut avec l'armurier Devisme les relations dont nous avons parlé. Pendant ces deux mois, Alibaud ne travaillait point utilement. S'il faut l'en croire, son unique occupation était de suivre le Roi. On le voyait souvent écrire; il se plaignait de sa misère et manifestait un grand dégoût de la vie et l'intention de se suicider. Il quitta l'hôtel sans payer ce qu'il y devait, annonçant qu'il ne lui restait plus qu'un sou, qu'il espérait avoir bientôt une occupation et qu'il s'acquitterait. Il avait remis le 3 janvier, au sieur Morin, un billet pour vingt francs, à un mois de date; il devait également au sieur Recoul, portier de cet établissement, une somme de quatre-vingt-quatorze francs; le 1ᵉʳ avril, il lui remit quinze francs, et souscrivit pour le reste un billet payable rue Saint-Sauveur, n° 12, le 31 juillet 1836. En quittant l'hôtel du sieur Morin, Alibaud fut reçu rue Bourbon-Villeneuve, n° 23, chez le sieur Léonce Fraisse, qu'il avait connu au collége, à Narbonne, et qu'il chargea depuis de remettre à Devisme la caisse contenant les deux fusils et la lettre qu'il lui adressait. Cette double circonstance, réunie aux déclarations d'Alibaud, qui a été forcé d'avouer que son ami avait connu le mensonge fait à l'armurier Devisme, et d'ajouter, à titre d'explication, que Léonce Fraisse, animé comme lui de sentiments républicains, croyait que cette arme frauduleusement acquise pouvait servir dans un mouvement révolutionnaire, a dû fixer l'attention de la justice : toutefois, Léonce Fraisse, au moment de l'attentat, était à Bordeaux, où il fut presque immédiatement arrêté en exécution des ordres transmis de Paris, et l'instruction faite à son égard n'a rien produit qui pût établir sa complicité ; ses réponses se sont parfaitement rencontrées avec celles d'Alibaud, et ses inclinations républicaines, qu'il n'a point dissimulées, avaient cependant avec celles de l'accusé des divergences qui l'absolvent du soupçon de complicité dans le crime et qui ont paru bien constatées.

Le 27 février, Alibaud entra en qualité de commis, aux gages de 400 francs par an, avec la table et le logement, chez le sieur Batiza, marchand de vins, rue Saint-Sauveur, n° 12 ; il y resta jusqu'au 23 mai. Le sieur Batiza déclare que plusieurs fois il entendit Alibaud professer hautement les opinions républicaines les plus exaltées. Son garçon de cave, le sieur Manoury, confirme pleinement ses déclarations à cet égard. Il raconte notamment que, quelques jours après l'exécution de Fieschi, en parlant de ce criminel, il s'était pris à dire qu'il avait eu une mort trop douce pour un scélérat comme lui, et qu'Alibaud en s'emportant lui dit: *qu'il était un imbécile; qu'il n'était pas assez expérimenté pour connaître cela; que Fieschi n'était point un scélérat.*

La conduite d'Alibaud lui fit bientôt perdre la position qui lui était si nécessaire dans l'établissement de Batiza. Il sortait fréquemment ; souvent ses absences au milieu de la journée duraient deux ou trois heures. Le soir, il partait constamment à sept heures et ne rentrait pas avant onze heures ou minuit. Ces circonstances justifient la déclaration de l'accusé qui avoue qu'il n'a jamais cessé de suivre le Roi, et que le soir il l'attendait à l'Opéra pour le frapper, soit à l'entrée soit à la sortie du spectacle. Toutefois, la paresse et des habitudes de désœuvrement conduisaient souvent l'accusé dans des estaminets où il passait le temps à jouer au billard.

Le 23 mai, Alibaud fut renvoyé par le sieur Batiza; il entra le 24 dans un hôtel garni tenu rue des Marais-Saint-Germain, n° 3, par le sieur Froment, et il y demeura, au prix convenu de 10 francs par mois, jusqu'au 25 juin, jour de son crime et de son arrestation. A cette époque, Alibaud, réduit au plus complet dénûment, et dans cet état de misère et d'abjection où la paresse, l'inconduite et des habitudes honteuses peuvent seules conduire, vivait à crédit, soit au café, soit dans la pension bourgeoise du sieur Dubois.

Alibaud ne paraissait pas occupé, mais il sortait tous les jours vers midi et rentrait tard. L'instruction a prouvé qu'il passait une grande partie de son temps au café-estaminet allemand, rue du Colombier, n° 4, où il fumait et jouait au billard; il y était le jour même de l'attentat, et partit à quatre heures et demie, prétextant une affaire pressée, lorsqu'un étudiant en médecine, le sieur Cauvry, qui jouait au billard avec lui, insistait pour qu'il continuât.

La perquisition faite le jour même du crime dans la chambre occupée par Alibaud fit saisir, entre autres objets, quelques cartouches et un volume des Œuvres de Saint-Just, où l'accusé cherchait sans doute à fortifier ses inspirations criminelles. Il est impossible de ne pas rappeler ici que ce détestable ouvrage, véritable manuel du régicide et de l'assassinat, avait aussi été saisi chez le condamné Pepin.

Toutes les habitudes d'Alibaud, soit en province, soit à Paris, ses paroles même pendant l'instruction du procès le signalent comme un des plus fervents adeptes de ces théories démagogiques et sanguinaires, empruntées par une jeunesse ignorante, vaniteuse et désœuvrée, aux anarchistes de 1793; c'est sous la déplorable influence de ces folles et cruelles visions, que l'accusé paraît avoir conçu et exécuté son crime. La procédure fortement dirigée vers l'investigation de ses complices n'est pas encore arrivée à le sortir de son isolement; jusqu'à ce jour, toute la responsabilité légale repose sur sa tête. Pour arrêter sur ce point important une opinion définitive, il est nécessaire sans doute d'attendre les débats publics, qui, peut-être, répandront sur cette affaire de nouvelles lumières.

Dans ces circonstances, Louis Alibaud est accusé d'avoir, le 25 juin 1836, commis un attentat contre la vie du Roi, crime prévu par les articles 86 et 88 du Code pénal.

Fait au parquet de la Cour des Pairs, le deux juillet mil huit cent trente-six.

Signé N. MARTIN (du Nord).

COUR DES PAIRS.

ATTENTAT DU 25 JUIN 1836.

DISCOURS

PRONONCÉ

PAR M. MARTIN (DU NORD),

PROCUREUR GÉNÉRAL.

Séance du Samedi 9 Juillet 1836.

MESSIEURS LES PAIRS,

L'accusé se présente devant vous sous le poids de la plus terrible prévention, celle d'attentat contre la personne du Roi. Après votre séance d'hier, nous pourrions nous borner à vous dire : *Recueillez vos souvenirs, et prononcez.* Nous ne le ferons pas; nous croyons que la haute mission qui nous a été confiée auprès de vous nous impose le devoir de vous soumettre quelques réflexions qui nous paraissent utiles. Mais ce n'est pas nous qui retarderons longtemps le moment de votre justice. Nous sentons, en effet, que c'est un besoin pour le pays de se

7

séparer sans retard de l'homme qui lui a fait courir de si grands dangers, et que son nom, aujourd'hui voué à l'exécration publique, soit promptement voué à l'oubli.

La culpabilité de l'accusé est un fait qui ne saurait être douteux pour personne. Les témoins que vous avez entendus établissent comment il s'est procuré l'arme et la poudre dont il a fait un si criminel usage. Ils vous l'ont montré épiant pendant longtemps le moment favorable, et tirant sur le Roi lorsqu'il croyait être sûr de l'atteindre. Vous l'avez vu arrêté en flagrant délit, encore porteur de l'arme régicide, et il a répété devant vous les horribles aveux qu'il avait faits dès son premier interrogatoire. Il n'est pas sorti de sa bouche un seul mot de repentir : loin de là, avec une audace qui nous a révolté sans nous étonner, il s'est fait gloire du crime qu'il a commis.

Le Roi et la France ont échappé au péril qui les menaçait; et dussions-nous nous exposer au reproche de répéter ici ce que tout le monde sait, nous dirons que le salut rendu par le Roi à la garde nationale réunie sous les armes a seul empêché la balle de frapper la tête du monarque. Ainsi c'est dans cet échange si pur et si noble de bienveillance et d'amour entre le chef de l'État et les citoyens que, cette fois encore, les méchants ont trouvé leur défaite et leur honte, et le pays son salut et sa gloire.

Un seul accusé est assis sur ce banc; c'était pour nous une obligation impérieuse de rechercher avec scrupule si d'autres ne devaient pas s'y placer à côté de lui. Ce devoir, nous l'avons rempli, et nous déclarons qu'Alibaud nous paraît avoir conçu seul le crime que seul il a exécuté. Nous ne saurions en effet regarder comme son complice le témoin Corbière; et pourtant il a su les projets d'Alibaud. S'il les avait révélés à l'autorité, il prévenait le cruel événement que nous déplorons : il ne l'a pas fait; la législation qui nous régit aujourd'hui ne nous permet pas, au moins dans l'état actuel de l'instruction, de requérir contre lui aucune peine; mais il avait à remplir un devoir qu'il est bien coupable aux yeux de la morale d'avoir négligé. Aussi vous avez applaudi aux paroles pleines de sagesse qui lui ont été adressées par votre honorable président. Nous espérons que la grave imprudence qu'il a commise, et qu'il ne méconnaît pas, rend sincères les regrets qu'il a témoignés, et nous aimons à croire que les bons sentiments qu'il a exprimés dans cette circonstance ne lui ont pas été arrachés par le besoin de sa justification.

Nous l'avouerons, Messieurs, c'est un bonheur pour nous d'avoir à vous signaler l'isolement d'Alibaud. Sans doute il aura pensé que, lors même qu'il s'adjoindrait des hommes aussi avides que lui de désordres et de bouleversements, ces hommes, au moment de l'exécution, effrayés de l'horreur du crime auquel ils se seraient associés, pourraient l'abandonner et le perdre. C'est là, il faut le reconnaître, un véritable progrès dans la situation du pays. Aucun de nous, en effet, n'a pu oublier la marche des factieux depuis six années. Après avoir hautement et en armes déclaré dans nos rues qu'ils aspiraient à renverser le Gouvernement, après maintes tentatives toujours repoussées avec vigueur, ils ont enfin reconnu qu'il leur était impossible de parvenir par la force à triompher de la volonté nationale. C'est alors que quelques enfants perdus, le rebut et la honte des factions elles-mêmes, ont médité et préparé leurs projets régicides. Ces projets ont encore été déjoués, et la justice les a punis.

Aujourd'hui, Messieurs, tout nous indique que l'homme que nous poursuivons est le seul coupable; et cet homme, nous espérons qu'il sera désavoué partout; il est aux yeux de tous les hommes de bien un objet d'exécration; et lorsque sa condamnation sera prononcée, il n'est pas un Français, quelque peu digne de ce nom, à quelque opi-

7.

nion politique qu'il appartienne, qui n'applaudisse à votre sentence.

Comment en serait-il autrement? L'assassinat n'est-il pas le plus lâche des crimes? Le régicide n'est-il pas le plus odieux des assassinats? N'est-il pas vrai que la pensée ne peut en être conçue que par l'âme la plus basse? Ainsi, consultez tous les documents de l'instruction, demandez-vous quel est Alibaud. Vous le verrez, dominé par les inclinations les plus vicieuses, plongé dans la misère par la paresse et la vanité, maudire une existence qui n'était plus pour lui qu'un fardeau et une honte.

Pourtant, Messieurs, ne croyez pas qu'à nos yeux les factions soient étrangères au crime d'Alibaud. Nous voudrions pouvoir le dire, mais nous ne le dirons pas, parce que telle n'est pas notre pensée. Les hommes qui, dans leur dévergondage politique, ont par leurs écrits et leurs discours, et sans en prévoir peut-être les horribles conséquences, exalté des imaginations dépravées, doivent faire sur eux-mêmes dans ce moment un pénible retour; ils ont encouru la plus grave, la plus inquiétante de toutes les responsabilités, celle de la conscience. Oui, nous le dirons hautement, et nous espérons que nous n'aurons plus à le répéter : les hommes qui refusaient au chef de l'État leurs respects, et s'étudiaient à lui dénier incessamment les droits les plus sacrés; ceux qui couvraient d'outrages sa personne auguste, et paraissaient croire que sa mort ouvrirait à certaines classes de la société une ère nouvelle de prospérité et de bonheur; ceux-là qui réveillaient les souvenirs de 93, et qui exhumaient de l'oubli les écrits de cette détestable époque; ces hommes ont armé le bras d'Alibaud peut-être autant que sa misère et sa mauvaise nature. Puissent-ils maudire aujourd'hui les funestes effets de leurs prédications!

Une législation énergique a mis un terme à de semblables écarts; nous ne reverrons plus ce débordement de doctrines impies qui a si souvent compromis notre repos; et, si dans quelques esprits malades restent encore quelques traces d'un désordre moral aussi dangereux, ces traces s'affaiblissent chaque jour; bientôt elles seront complétement effacées.

Quelles pourraient être en effet aujourd'hui les espérances des ennemis du Gouvernement? La providence a prouvé qu'elle veillait sur la France en sauvant plusieurs fois les jours du Prince à qui nous devons le règne des lois et le triomphe de l'ordre. Mais s'il eût été possible que le fer d'un assassin fît tomber la plus noble victime, ce ne sont pas, nous en avons l'intime conviction, les hommes paisibles qui auraient eu des dangers à courir; nous frémissons au contraire et pour les factions elles-mêmes à la pensée de ce qu'aurait pu être la subite explosion de l'indignation publique. Sans doute les fonctionnaires de tous les ordres auraient réuni et multiplié les efforts pour arrêter et comprimer dès l'abord de terribles réactions, et nous croyons qu'ils y seraient parvenus. Mais nous devions constater cette vérité qu'aujourd'hui les assassins compromettent et frappent les factions qu'ils veulent servir, et qu'ils ne sauraient ébranler ni la monarchie qui a été fondée aux acclamations unanimes du pays, ni la dynastie qui a reçu nos serments.

La France, le Roi et notre famille royale, longtemps éprouvés par les mêmes attaques, ont resserré dans les périls qu'ils ont courus en commun les liens qui les unissaient. Chacun sait ce qu'il doit à l'autre; chacun sait ce qu'il peut en attendre, et si l'intérêt du pays, autant que la loyauté, ne nous disaient où sont nos devoirs, les tentatives des assassins nous l'auraient enseigné.

Voilà ce qui doit faire le désespoir des factieux. Voilà ce qui fait la sécurité de la France. Ainsi n'hésitons-nous pas à dire aux bons citoyens : « Vous avez tremblé pour les jours si précieux du Roi. Vous avez frémi à la pensée qu'un lâche assassinat vînt terminer une vie de dévouement et de sacrifices au pays, à la paix, aux intérêts sa-

crés de la civilisation. Rassurez-vous; l'indignation que
vous avez témoignée, votre joie en apprenant que les
calculs du crime avaient été déjoués, votre empressement
à accourir auprès du Monarque, sont de sûrs garants
contre le retour de semblables dangers. En portant votre
seconde pensée sur nos Princes, en vous serrant autour
d'eux, après avoir remercié le ciel d'avoir conservé le
Roi, vous avez doublement assuré sa vie : vous l'avez
environné de la plus belle et de la plus forte cuirasse;
c'est celle dont naguère, dans des jours de désastres, il
se parait lui-même avec un juste orgueil; c'est votre
loyal amour pour ses nobles enfants qui seront les hé-
ritiers de ses vertus et de son dévouement à la France.

« Nous, Procureur général du Roi près la Cour des
« Pairs,

« Attendu qu'il résulte de l'instruction et des débats,
« que, dans la journée du 25 juin 1836, le nommé Louis
« Alibaud s'est rendu coupable d'attentat contre la vie du
« Roi;

« Attendu que le crime ci-dessus spécifié et qualifié
« est prévu et puni par les articles 12, 13, 86 et 88 du
« Code pénal,

« Requérons qu'il plaise à la Cour déclarer le sus-
« nommé coupable dudit crime d'attentat contre la vie
« du Roi,

« Requérons également qu'il plaise à la Cour appliquer
« au susnommé les peines portées par les articles sus-
« énoncés.

« Fait au parquet de la Cour des Pairs, le huit juillet
« mil huit cent trente-six.

« *Signé* N. MARTIN (du Nord). »

RÉPLIQUE

PRONONCÉE

PAR M. MARTIN (DU NORD),

PROCUREUR GÉNÉRAL.

Séance du 9 Juillet 1836.

MESSIEURS LES PAIRS.

Nous ne comptions pas reprendre la parole, mais ce que vous avez entendu nous en impose l'obligation, non que nous voulions répondre aux horribles doctrines professées à cette audience par l'accusé, et dont M. le président a justement arrêté le développement. Nous estimons trop notre ministère, nous honorons trop le caractère de la Cour devant laquelle nous parlons, pour chercher à détruire les affreux principes que cet homme a osé écrire et proclamer. Nous les livrons à l'indignation de la France.

Mais il est quelques-unes de ces pensées qui, sorties de la bouche du défenseur, renferment, sous un voile plus ou moins transparent, des doctrines qu'il n'est pas possible de tolérer par notre silence.

Messieurs, un régicide est traduit devant vous. Nous

l'avons dit, et nous le répétons, il n'est pas un bon citoyen, un Français digne de ce titre, à qui il ne doive
inspirer une profonde horreur ! Et l'on est venu vous
parler d'*erreur politique* ! On a cherché dans l'histoire
de fausses assimilations. On a prétendu qu'un si grand
coupable pouvait encore être un homme estimable; que
quand il trouvait le crime, c'était la vertu qu'il cherchait !

Au milieu de la démoralisation dont sont atteints certains esprits; au milieu des égarements déplorables où se
laisse malheureusement entraîner une partie de la jeunesse, une telle doctrine doit être énergiquement flétrie.
Le régicide, c'est le parricide qui ne peut jamais être
excusé, c'est le plus abominable des forfaits, c'est le
crime qui laisse derrière lui tous les crimes. Le voleur,
le faussaire peuvent encore inspirer quelque pitié; ils
ont pu être aveuglés, poussés par quelque passion, par
le besoin peut-être; ils peuvent exciter quelquefois une
sorte de commisération... Mais le régicide! le régicide
est de tous les assassins le plus odieux par le mal immi-
nent que son forfait peut entraîner. Ce n'est pas seulement un époux, un père, que sa fureur poursuit; ce
ne sont pas seulement les larmes d'une famille qu'il va
faire couler; c'est la patrie, c'est l'État lui-même qu'il
frappe au cœur en frappant celui sur la tête duquel re-
posent les destinées publiques. Qu'un tel homme soit
donc à jamais, dans tous les temps, chez tous les peuples
civilisés, un objet d'exécration et d'horreur! C'est un tel
coupable qui est devant vous, et il ose parler de l'estime
publique! On vous parle de son passé, des actions de
sa jeunesse! Et quel est donc le passé, quelles sont les
actions de jeunesse qui puissent balancer l'horreur d'un
tel crime? Quels sont les faits antérieurs qui pourraient
exciter votre pitié et amollir votre justice? Ce sont donc de
bien détestables doctrines que celles qui ont été professées

depuis plusieurs années, puisqu'elles tendraient à diminuer l'horreur d'un si grave attentat.

Quand nous signalions cette vérité dans notre réquisitoire, nous étions dirigés par un sentiment de haute moralité. Oui, c'est une idée morale et qu'il faut proclamer, qu'un pareil crime ne peut être commis que par l'homme le plus vil et le plus dégradé. Tels aussi nous avons trouvé tous ceux qui, dans cette carrière impie, ont précédé Alibaud.

Il a parlé de Fieschi comme si le rapprochement entre Fieschi et lui était une injure pour sa moralité! Fieschi, avant son attentat, avait été flétri par les tribunaux; Alibaud a mérité de l'être pour escroquerie, pour abus de confiance: c'est donc la même bassesse, la même improbité qui précède l'assassinat. Mais Fieschi du moins a connu le repentir : Alibaud a de la forfanterie dans le crime.

On a parlé de son voyage en Espagne, de ses idées nobles et généreuses; mais que voyons-nous en réalité? Un homme qui fuit sa patrie, parce qu'il ne peut par un travail légitime se procurer les jouissances dont il est avide. Il va se joindre à des intrigants qui portent l'anarchie partout où ils se présentent; il va porter sa torche révolutionnaire sur une terre étrangère et y allumer, s'il le peut, le feu de la guerre civile. Ses projets sont déjoués; il part et revient à Paris. Là, quelle est sa vie? il obtient un emploi lucratif, il peut vivre honnêtement par son travail : il force bientôt son maître à le renvoyer.

Le voyez-vous, cet homme qui se présente ici fièrement comme un homme estimable; c'est par des escroqueries qu'il trouve des moyens d'existence! Et, en effet, quand il revient de Perpignan à Paris, quelles sont ses ressources? une somme dérobée à ses parents. L'instrument même de son crime, comment se le procure-t-il? car il n'a pas de quoi le payer, tant est grande sa misère, fruit de

8

la paresse et du désordre : il se le procure par une ma-
nœuvre frauduleuse, pour laquelle, seule, devant tous
tribunaux, il eût subi une juste flétrissure. Il se donne
un crédit qu'il n'a pas; il fait des promesses d'argent
qu'il ne pourra pas remplir, et souscrit des billets
qu'il sait bien ne devoir jamais payer. Sa famille les
payera, dit-il. Mais sa famille est dans le besoin; il le
sait mieux que personne : et c'est après tous ces actes
d'indélicatesse qu'il vient parler de probité, d'honneur!
Non, disons-le, puisque les faits le prouvent, Alibaud,
avant de devenir le 25 juin un scélérat exécrable, Alibaud était un homme méprisable et vil. Il en était réduit au désespoir du suicide. La vie lui était un fardeau,
une honte : un orgueil insensé, une conduite désor-
donnée l'avaient détourné de tout travail honorable; et sans
doute c'est le même orgueil qui l'a fait courir après l'af-
freuse célébrité d'un grand crime.

Oui, Messieurs, l'orgueil! N'avez-vous pas été frappés
d'entendre un homme d'une éducation moins qu'ordinaire s'ériger en juge des institutions de son pays, vous
parler de la violation de la Charte et des lois, des besoins
de la patrie, de la prospérité publique entravée par le
chef de l'Etat; tandis que le malheureux n'avait qu'à ouvrir les yeux pour voir ce qui frappe tous les regards, que
jamais le pays ne fut plus libre, la prospérité plus générale, la vie plus facile à quiconque veut honnêtement
l'employer : bienfaits immenses dus à nos lois, à la vigi-
lance du Gouvernement, et surtout à l'éminente sagesse
du prince auguste qu'il voulait nous enlever.

On vous a parlé de clémence. Si elle était possible, nous
serions les premiers à en accueillir la pensée, et vous en
suivriez aisément l'inspiration. Mais croyez-nous, Messieurs; pour combattre des doctrines insensées et prévenir leurs sinistres résultats, la fermeté seule est salu-
taire : elle seule peut donner à l'avenir les garanties

désirables. Mais ce n'est pas seulement de la terreur du châtiment que nous les attendons; nous conservons un autre espoir. Puissent les hommes qui répandent avec une si coupable légèreté des principes funestes, des doctrines mortelles à l'ordre social, réfléchir un moment à la vue d'un si terrible exemple, et faire un retour sur eux-mêmes! Que la presse comprenne la grandeur et l'utilité de sa mission! qu'elle tremble d'égarer de jeunes imaginations, d'enflammer des esprits malades, de faire naître le crime même par une parole imprudente échappée à ses préventions; qu'elle s'attache au contraire à répandre des sentiments d'honneur et de loyauté, à élever les âmes, à les émouvoir et les toucher par des idées de religion et de morale. C'est alors que sa mission est belle et que ses prédications sont utiles!

Si, dans un pays tel que le nôtre, plein de grandeur et de générosité, où la liberté est si assurée, si douce, la prospérité si générale, il surgissait encore quelques misérables qui tentassent de compromettre tant de biens, il n'y aurait plus contre eux qu'un sentiment d'horreur et d'aversion. Qu'ils le sachent donc bien, et ce sera notre dernière parole: le Gouvernement est ferme, inébranlable; les destinées de la France sont liées à celles du Roi, à celles de sa famille. Cette alliance est indissoluble.

COUR DES PAIRS DE FRANCE.

ATTENTAT DU 25 JUIN 1836.

PROCÈS-VERBAL

DES SÉANCES

RELATIVES AU JUGEMENT DE CETTE AFFAIRE.

A PARIS,

DE L'IMPRIMERIE DE CRAPELET,

RUE DE VAUGIRARD, N° 9.

—

1836.

CHAMBRE DES PAIRS.

Séance publique du dimanche 26 juin 1836,

Présidée par M. le Baron PASQUIER.

A quatre heures de l'après-midi, la Chambre se réunit en séance publique, en vertu d'une convocation faite sur l'ordre de M. le Président.

Le Garde des registres donne lecture du procès-verbal de la séance d'hier.

La Chambre adopte la rédaction de ce procès-verbal.

Le Garde des sceaux, Ministre secrétaire d'État du département de la justice et des cultes, est présent.

Sont également présens le Ministre des affaires étrangères, Président du conseil des Ministres, les Pairs de France Ministres de l'intérieur, de la guerre et des finances, et les Ministres du commerce et de l'instruction publique.

Le Garde des sceaux dépose sur le bureau une ordonnance du Roi, en date d'hier, dont M. le Président donne immédiatement lecture à la Chambre, et qui est ainsi conçue :

1

ORDONNANCE DU ROI.

« LOUIS-PHILIPPE, Roi des Français,

« A tous présens et à venir, Salut,

« Sur le rapport de notre Garde des sceaux, Ministre secrétaire d'État au département de la justice,

« Vu l'article 28 de la Charte constitutionnelle, qui attribue à la Chambre des Pairs la connaissance des crimes de haute trahison et des attentats à la sûreté de l'État;

« Vu l'article 86 du Code pénal, qui met au nombre des crimes commis contre la sûreté de l'État l'attentat ou le complot contre la vie du Roi;

« Attendu que, dans le cours de cette journée, un attentat a été commis contre notre personne;

« Nous avons ordonné et ordonnons ce qui suit :

ARTICLE PREMIER.

« La Chambre des Pairs, constituée en cour de justice, procédera sans délai au jugement de l'attentat commis cejourd'hui.

ART. 2.

« Elle se conformera, pour l'instruction, aux formes qui ont été suivies par elle jusqu'à ce jour.

ART. 3.

« Le sieur Martin (du Nord), membre de la

Chambre des Députés, notre procureur-général
près la cour royale de Paris, remplira les fonctions de notre procureur-général près la Cour des
Pairs.

« Il sera assisté des sieurs Franck Carré, notre
avocat-général près la cour de cassation, et Plougoulm, notre avocat-général près la cour royale
de Paris, qui seront chargés de le remplacer en
cas d'absence ou d'empêchement.

Art. 4.

« Le Garde des archives de la Chambre des
Pairs et son adjoint rempliront les fonctions de
greffier près notre Cour des Pairs.

Art. 5.

« Notre Garde des sceaux, Ministre secrétaire
d'État de la justice et des cultes, est chargé de
l'exécution de la présente ordonnance.

« A Neuilly, le 25 juin 1836.

Signé « LOUIS-PHILIPPE.

« Par le Roi :

« *Le Garde des sceaux Ministre de la justice
et des cultes,*

Signé « P. Sauzet. »

Cette lecture terminée, la Chambre ordonne la
transcription sur ses registres, et le dépôt dans ses

archives, de l'ordonnance du Roi qui vient de lui être communiquée.

Elle arrête ensuite qu'elle se formera immédiatement en cour de justice, pour prendre telle détermination qu'il appartiendra au sujet de l'affaire à laquelle se rapporte l'ordonnance sus-énoncée.

La séance publique est immédiatement levée.

Les Président et Secrétaires,

Signé PASQUIER, *président.*

Le duc DE MORTEMART, GIROD (de l'Ain), le baron DE FRÉVILLE, le maréchal comte DE LOBAU, secrétaires.

COUR DES PAIRS.

ATTENTAT
DU 25 JUIN
1836.

PROCÈS-VERBAL
N° 2.

Séance secrète du dimanche 26 juin 1836,

Présidée par M. le Baron Pasquier.

Le dimanche 26 juin 1836, à quatre heures et demie de relevée, la Chambre des Pairs se forme en cour de justice, en vertu de la délibération prise dans la séance publique de ce jour.

La réunion a lieu dans la salle ordinaire des assemblées de la Chambre, servant de chambre du conseil.

M. le Président annonce que le ministère public, nommé par l'ordonnance du Roi communiquée aujourd'hui à la Chambre, demande à être entendu.

La Cour décide qu'il lui sera donné audience.

M. Martin (du Nord), procureur-général, est en conséquence introduit; il est accompagné de MM. Franck Carré et Plougoulm, faisant fonctions d'avocats-généraux.

Tous trois se placent devant un bureau disposé dans le parquet, à la droite de M. le Président.

Le Greffier en chef de la Cour et son adjoint

occupent, dans le même parquet à gauche, leur place accoutumée.

Le procureur-général, ayant obtenu la parole, donne lecture du réquisitoire suivant :

RÉQUISITOIRE.

« Nous, Procureur-général nommé par Sa Majesté près la Cour des Pairs, constituée par ordonnance en date d'hier, pour procéder au jugement de l'attentat commis le 25 du même mois sur la personne du Roi ;

« Crime prévu par les articles 86 et 88 du Code pénal ;

« Avons l'honneur d'exposer et de requérir ce qui suit :

« Quatre mois se sont à peine écoulés depuis le jour où trois grands coupables ont expié le plus horrible des crimes. Il était permis d'espérer que, grâces à cet acte de justice, le fanatisme politique serait enfin désarmé. Il n'en est rien, et un nouvel attentat vient de prouver qu'il est nécessaire, tant le mal est profond, d'opposer encore aux exécrables doctrines du régicide l'énergique répression des lois.

« Hier, Leurs Majestés venaient de monter en voiture aux Tuileries pour se rendre à Neuilly, lorsqu'un homme placé dans la foule, introduisant dans la voiture une canne-fusil qu'il appuyait sur la portière, déchargea cette arme meurtrière dirigée sur la personne du Roi. Par un nouveau

miracle, Sa Majesté ne fut point atteinte, et cette
fois la France n'a à déplorer aucune perte. La
bourre s'était engagée dans les cheveux du Roi,
et la balle avait pénétré dans un des angles supérieurs de la voiture, où elle a été retrouvée. L'assassin a été immédiatement arrêté. Il était porteur
de l'arme dont il venait de se servir, et avait un
poignard caché sous ses vêtemens. Il a déclaré se
nommer Louis Alibaud, âgé de 25 ans, né à
Nîmes.

« Dans cette grave conjoncture, le Gouvernement a déféré à la haute Cour, qui dans des circonstances récentes a si bien mérité du pays, la
connaissance de ces faits, qui intéressent au plus
haut degré l'ordre social et la paix publique, et
dont la répression est confiée par la Charte à son
éminente juridiction.

« Ce considéré :

« Nous, Procureur-général de Sa Majesté près la
Cour des Pairs,

« Requérons qu'il plaise à la Cour

« Nous donner acte du contenu au présent réquisitoire, renfermant plainte contre l'auteur et
les complices de l'attentat ci-dessus spécifié, lequel, aux termes de l'art. 28 de la Charte et des
articles 86 et 88 du Code pénal, est de la compétence de la Cour des Pairs;

« Ordonner que, dans le jour, M. le Président
se commettra lui-même ou désignera tels de
MM. les Pairs qu'il lui plaira pour procéder à une
instruction contre Louis Alibaud et tous autres
qui pourraient être ultérieurement inculpés;

« Ordonner que les actes d'instruction commencés seront apportés au greffe de la Cour des Pairs;

« Ordonner enfin que la Cour s'assemblera au jour qui sera indiqué par M. le Président pour entendre le rapport de la procédure et faire tous autres actes que la marche de l'instruction rendra nécessaires;

« FAIT à Paris, en notre parquet, le vingt-six juin mil huit cent trente-six.

Signé « MARTIN (du Nord). »

Le procureur-général se retire après avoir déposé sur le bureau son réquisitoire de lui signé.

M. le Président propose à la Cour de se conformer, pour la délibération, aux formes qu'elle a suivies dans les séances des 16 avril 1834 et 29 juillet 1835.

Cette marche est adoptée par la Cour.

Il est en conséquence procédé à un appel nominal fait par le Greffier en chef, et qui constate la présence des 119 Pairs dont les noms suivent :

MM.

Le baron Pasquier, président.
Le duc de Choiseul.
Le duc de Broglie.
Le maréchal duc de Tarente.
Le marquis de Marbois.
Le comte Klein.
Le maréchal marquis Maison.
Le duc de Castries.
Le duc de La Trémoille.
Le duc de Brissac.
Le duc de Caraman.

MM.

Le comte d'Haussonville.
Le marquis de Louvois.
Le comte Molé.
Le comte Ricard.
Le comte de Noé.
Le comte de La Roche-Aymon.
Le duc de Massa.
Le duc Decazes.
Le comte d'Argout.
Le comte Claparède.
Le vicomte d'Houdetot.

MM.

Le baron Mounier.
Le comte Reille.
L'amiral comte Truguet.
Le vice-amiral comte Verhuell.
Le comte d'Hunolstein.
Le comte de La Villegontier.
Le marquis d'Aragon.
Le comte de Bastard.
Le comte Portalis.
Le comte Siméon.
Le comte Roy.
Le comte de Tascher.
Le maréchal comte Molitor.
Le comte Guilleminot.
Le comte Dejean.
Le comte de Richebourg.
Le vicomte Dode.
Le comte Davous.
Le comte de Montalivet.
Le comte Du Cayla.
Le comte de Sussy.
Le comte de Boissy-d'Anglas.
Le marquis de Laplace.
Le duc de La Rochefoucauld.
Le comte Clément-de-Ris.
Le duc d'Istrie.
Le marquis de Brézé.
Le marquis de Crillon.
Le marquis Barthélemy.
Le comte Herwyn de Nevèle.
Le duc de Bassano.
Le comte de Bondy.
Le comte Gilbert de Voisins.
Le vicomte de Turenne.
Le comte d'Aubusson de La
  Feuillade.
Le prince de Beauvau.
Le comte d'Anthouard.
Le comte Exelmans.
Le comte de Flahault.
Le vice-amiral comte Jacob.

MM.

Le comte Pajol.
Le vicomte Roguiat.
Le comte Perregaux.
Le baron de Lascours.
Le comte Roguet.
Girod (de l'Ain).
Le baron Atthalin.
Besson.
Le président Boyer.
Cousin.
Le comte Desroys.
Le comte Dutaillis.
Le duc de Fezensac.
Le baron de Fréville.
Gautier.
Le comte Heudelet.
Humblot-Conté.
Le baron Louis.
Le comte d'Ornano.
Le baron Silvestre de Sacy.
Tripier.
Villemain.
Le baron Zangiacomi.
Le comte de Ham.
Le baron de Mareuil.
Le comte Béranger.
Le comte Guéhéneuc.
Le comte de Nicolaï.
Le président Faure.
Le comte de Labriffe.
Le comte Baudrand.
Le baron Neigre.
Le comte Duchâtel.
Le maréchal comte Gérard.
Le baron Lallemand.
Le baron Duval.
Le comte Reinhard.
Le baron Brayer.
Barthe.
Le comte d'Astorg.
De Cambacérès.

2

MM.

Le baron de Cambon.
Le comte Corbineau.
Le marquis de Cordoue.
Le baron Feutrier.
Le baron Fréteau de Peny.
Le vicomte Pernety.
De Ricard.
Le marquis de Rochambeau.

MM.

Le vicomte de Chabot.
Le baron de Saint-Aignan.
Le baron Mortier.
Le comte de Rambuteau.
Le comte de Serrant.
Le baron de Morogues.
Le baron Voysin de Gartempe.
Le baron de Campredon.

M. le Président expose que la première question sur laquelle il ait à consulter la Cour est celle de savoir si elle entend qu'il soit procédé à une instruction sur les faits énoncés dans le réquisitoire du procureur-général.

Cette question ayant été mise aux voix et résolue par l'affirmative, M. le Président rappelle à la Cour qu'elle a maintenant à s'occuper de la nomination des douze membres qui, d'après ses usages, doivent remplir, pendant l'instruction du procès, les fonctions attribuées à la chambre du conseil par l'article 128 du Code d'instruction criminelle. M. le Président fait observer que, dans l'affaire relative à l'attentat du 28 juillet 1835, ces fonctions avaient été déléguées par la Cour aux mêmes Pairs qui les avaient remplies dans l'affaire du mois d'avril 1834, sauf le remplacement de ceux qui se trouvaient alors empêchés pour une cause légitime.

Un Pair représente que les fonctions dont il s'agit devant commencer et finir avec l'instruction ordonnée par la Cour, elles doivent être remplies en vertu d'une délégation spéciale pour chaque affaire, et ne peuvent par conséquent s'exercer en

vertu d'une continuation de pouvoirs : mais,
pour abréger le scrutin auquel il doit être procédé, l'opinant estime que la Cour peut charger
M. le Président de lui désigner, par une sorte
de présentation, les noms qu'il croirait devoir figu-
rer sur cette liste : cette présentation paraîtrait
d'autant plus rationnelle que les membres du
conseil des mises en liberté doivent être choisis
en dehors des Pairs que M. le Président aura commis pour l'assister dans l'instruction du procès.

Un autre Pair déclare qu'il ne s'oppose pas à
ce que M. le Président soit chargé par la Cour de
lui présenter une liste de noms pour composer le
conseil des mises en liberté, mais il demande qu'il
soit bien entendu que la délégation directe éma-
nera toujours, non du Président, mais de la Cour
elle-même; car le conseil des mises en liberté ayant
pour mission de contrôler en quelque sorte les
résultats de l'instruction, on ne saurait admettre
que M. le Président fût appelé à rendre compte
de ses actes à des Pairs qu'il aurait lui même délégués.

La proposition ainsi entendue étant unanimement appuyée, la Cour charge M. le Président de
lui proposer douze noms pour former le conseil
des mises en liberté.

Avant de désigner ces noms, M. le Président
expose que son intention est de s'adjoindre, pour
procéder à l'instruction qui vient d'être ordonnée
par la Cour,

MM. le duc Decazes,
    le comte de Bastard,
    le comte Portalis,
    Girod (de l'Ain).

Il propose ensuite à la Cour, pour former le conseil de douze Pairs, qui doit remplir les fonctions spécifiées par l'art. 128 du Code d'instruction criminelle,

MM. le baron Mounier,
    le comte Siméon,
    le duc de Bassano,
    le vice-amiral comte Jacob,
    le président Boyer,
    le président Faure,
    le baron de Fréville,
    Tripier,
    le baron Zangiacomi,
    le maréchal comte Gérard,
    Barthe,
    de Ricard.

Il est immédiatement procédé à un scrutin de liste pour la nomination des membres du conseil.

La Cour décide que, pour le dépouillement des votes, deux de MM. les Pairs délégués pour assister M. le Président dans l'instruction rempliront les fonctions de scrutateurs.

Ces fonctions sont, en conséquence, remplies par MM. le comte de Bastard et Girod (de l'Ain).

Le résultat du dépouillement donne, sur un

nombre total de 119 votans, l'unanimité des voix
pour la nomination des douze Pairs proposés par
M. le Président et ci-dessus nommés.

Ils sont, en conséquence, proclamés par M. le
Président membres du conseil des mises en liberté
pour l'affaire à instruire devant la Cour.

M. le Président donne ensuite lecture d'un projet d'arrêt qu'il a préparé pour formuler, suivant
le mode ordinaire, les délibérations qui viennent
d'être prises par la Cour.

Ce projet ne donne lieu à aucune observation ;
la Cour l'adopte pour la teneur suivante :

ARRÊT DE LA COUR DES PAIRS.

« LA COUR DES PAIRS :

« Vu l'ordonnance du Roi en date d'hier ;

« Vu l'article 28 de la Charte constitutionnelle ;

« Ouï le procureur-général du Roi en ses dires
et réquisitions, et après en avoir délibéré ;

« Donne acte audit procureur-général du dépôt
par lui fait, sur le bureau de la Cour, d'un réquisitoire renfermant plainte contre l'auteur et les
complices de l'attentat contre la personne du Roi,
commis dans la journée d'hier ;

« Ordonne que par M. le Président de la Cour
et par tels de MM. les Pairs qu'il lui plaira commettre pour l'assister et le remplacer en cas d'empêchement, il sera sur-le-champ procédé à l'instruction du procès, pour, ladite instruction faite

et rapportée, être par le procureur-général requis et par la Cour ordonné ce qu'il appartiendra.

« Ordonne que, dans le cours de ladite instruction, les fonctions attribuées à la chambre du conseil par l'article 128 du Code d'instruction criminelle seront remplies par M. le Président de la Cour, celui de MM. les Pairs commis par lui pour faire le rapport, et

MM. le baron Mounier,
  le comte Siméon,
  le duc de Bassano,
  le vice-amiral comte Jacob,
  le président Boyer,
  le président Faure,
  le baron de Fréville,
  Tripier,
  le baron Zangiacomi,
  le maréchal comte Gérard,
  Barthe,
  de Ricard;

que la Cour commet à cet effet, lesquels se conformeront d'ailleurs, pour le mode de procéder, aux dispositions du Code d'instruction criminelle, et ne pourront délibérer s'ils ne sont au nombre de sept au moins;

« Ordonne que les pièces à conviction, ainsi que les procédures et actes d'instruction déjà faits, seront apportés, sans délai, au greffe de la Cour;

« Ordonne pareillement que les citations ou autres actes du ministère d'huissier, seront faits par les huissiers de la Chambre;

« Ordonne que le présent arrêt sera exécuté à la diligence du procureur-général du Roi. »

Le procureur-général du Roi et les avocats-généraux qui l'accompagnent sont ensuite introduits de nouveau.

M. le Président donne lecture, en leur présence, de l'arrêt qui vient d'être rendu.

Cette lecture faite, la séance est levée.

Signé PASQUIER, *président.*

E. CAUCHY, *greffier en chef.*

COUR DES PAIRS.

Séance secrète du samedi 2 juillet 1836,

Présidée par M. le Baron PASQUIER.

LE samedi 2 juillet 1836, à midi, la Cour des Pairs se réunit en chambre du conseil, en vertu d'une convocation faite par ordre de M. le Président, pour entendre le rapport de ses commissaires instructeurs sur l'affaire dont le jugement lui a été déféré par l'ordonnance royale du 25 juin dernier.

Avant qu'il soit procédé à l'appel nominal, M. le Président expose que deux de MM. les Pairs reçus dans la Chambre, mais qui n'ont pas encore voix délibérative, lui ont adressé une lettre par laquelle ils demandent à être compris dans cet appel.

Sur l'ordre de M. le Président, le Greffier en chef donne lecture de cette lettre, qui est ainsi conçue :

A M. le Président de la Cour des Pairs.

« MONSIEUR LE PRÉSIDENT,

« Nous avons reçu pour le procès actuel,

3

comme pour tous ceux déférés à la Chambre depuis notre admission, une lettre de convocation de M. le Grand-Référendaire. Jusqu'ici, forts de votre assentiment, de celui de la Chambre qui, pendant près de deux cents séances, a vu l'un de nous, suivre assidûment ses délibérations judiciaires sans qu'une seule voix se soit élevée contre sa présence; forts aussi de ce que nous croyons être un droit consacré par la Charte et de nombreux précédens, nous n'avions pas hésité à nous rendre dans le sein des comités secrets pour y entendre la lecture des rapports et les discussions des arrêts. Mais un incident soulevé à la fin du procès Fieschi nous impose aujourd'hui une réserve nécessaire. Cet incident a amené une décision de la Cour, consignée dans les termes suivans au procès-verbal du 15 février 1836 :

« La Cour ordonne que les Pairs n'ayant pas « voix délibérative, et dont la présence n'a pas été « constatée pendant le cours des débats, ne pour- « ront assister à la discussion qui va s'ouvrir. »

« Comme quelques membres de la Chambre demandaient que l'on se prononçât sur la question de savoir si les Pairs ayant moins de 50 ans pouvaient être compris dans les appels nominaux,

« La Cour ne jugea pas à propos de régler en « ce moment ce qui pourrait avoir lieu à l'avenir, « et réserva le principe. »

« Dans cette position, nous nous devons à nous-mêmes, nous devons à notre haute déférence pour cette assemblée, de nous abstenir d'y paraître, tant que sa décision n'aura pas été formulée d'une manière expresse et absolue. Nous venons provoquer cette décision, en ayant l'honneur de vous prier, M. le Président, d'ordonner que les noms des Pairs ayant moins de 30 ans, et reçus par la Chambre, soient compris dans l'appel nominal de ce jour. Vous jugerez sans doute convenable de consulter la Cour, et, dans ce cas, elle nous permettra de lui adresser par votre entremise quelques courtes observations.

« L'art. 24 de la Charte porte : « Les Pairs ont « *entrée* dans la Chambre à 25 ans, etc.

« L'art. 28 dit : « La Chambre des Pairs connaît « des crimes de haute trahison et des attentats « à la sûreté de l'État. »

« De ces deux articles de la loi fondamentale il nous paraît résulter d'une manière formelle et incontestable que, de 25 à 30 ans, les Pairs reçus ont droit d'*entrée* dans la Chambre constituée en cour de justice.

« L'identité complète de la Chambre et de la Cour, si bien définie par l'art. 28 de la Charte, a été en outre constatée par le jugement rendu le 17 décembre 1834 contre le *National*; elle a été proclamée, dans le premier procès porté devant la Chambre, par l'ordonnance royale du 11 novembre 1815, qui s'exprime ainsi : « La Cham- « bre conservera pour ce jugement les mêmes « formes que pour les propositions de lois, sans « néanmoins se diviser en bureaux; » et par celle du lendemain, 12 novembre 1815, qui commence par ces mots : « Nous avons déterminé que la

« Chambre des Pairs, dans l'exercice des fonctions
« judiciaires qui lui sont attribuées, conserverait
« son organisation habituelle. »

« Si on n'a jamais songé à exclure les Pairs
n'ayant pas voix délibérative des comités secrets
de la Chambre, ne sommes-nous pas fondés à
conclure qu'ils ont aussi droit de présence dans
les comités secrets de la Cour?

« L'intention du législateur, en admettant les
Pairs héréditaires à prendre séance 5 ans avant
l'âge où ils peuvent participer aux délibérations,
a été sans doute de leur fournir tous les moyens
possibles d'apprendre, par l'exemple de leurs collègues plus âgés, à exercer un jour avec la pru-
dence et la maturité nécessaires les hautes fonctions qui leur sont dévolues. N'est-ce pas surtout
dans les fonctions judiciaires que cet enseignement de l'exemple est indispensable pour ceux
qui, à une époque donnée, se trouveront, brus-
quement et sans transition, investis du droit et du
devoir de juger? Les lumières qui jaillissent du
sein des délibérations intérieures n'ont-elles pas
un caractère spécial, plus propre que tout autre
à former l'expérience des membres futurs de la
Cour? Voudrait-elle, lui conviendrait-il de ré-
duire à la condition du public admis dans les tribunes ceux qui doivent nécessairement compter
plus tard parmi ses membres, et qui jouissent déjà
d'une grande partie de ses prérogatives? Nous ne
saurions le croire. La bienveillance constante de
la Chambre s'est toujours efforcée jusqu'ici de re-
hausser, à leurs propres yeux et dans l'opinion pu-

blique, ceux que leur âge appelle prématurément
à l'honneur de prendre place dans son enceinte.

« Telles sont les observations, M. le Président,
que nous désirions soumettre à l'appui de notre
demande ; nous attendons avec confiance les ordres de la Cour.

« Veuillez lui faire donner lecture de cette lettre
par son Greffier, et agréez l'expression des sen-
timens de profond respect avec lesquels nous
avons l'honneur d'être, M. le Président, vos très
humbles et très obéissans serviteurs.

Signé : « comte DARU, comte de MONTALEMBERT.

« Paris, ce 2 juillet 1836. »

M. le Président fait observer que cette lettre
motive de sa part de courtes explications. La position des jeunes Pairs, qui n'ayant pas encore
l'âge requis pour voter, sont admis par la Charte
à faire, au sein même de la Chambre, une sorte
de stage à la fois législatif et judiciaire, est sans
doute de nature à fixer toute l'attention de leurs
collègues qui jouissent de la plénitude des droits
de la Pairie. Le Président de la Cour a été le
premier à faire valoir leurs prérogatives dans la
séance du 15 février dernier, le procès-verbal en
fait foi ; mais il est à cet égard des distinctions
qu'il importe de ne pas méconnaître : autre chose
est d'assister aux délibérations de la Cour, autre
chose, d'être admis à y exprimer une opinion. Ce
qui n'est, en matière législative, qu'une tolérance

approuvée par tous et profitable à tout égard, pourrait donner lieu, en matière criminelle, à des réclamations fondées, et l'accusé pourrait s'enquérir du motif pour lequel on comprendrait dans l'appel nominal des noms qui ne seraient pas ceux de ses juges. Il y a donc des principes à établir, des circonstances diverses à apprécier, avant de régler d'une manière positive les droits qui peuvent appartenir aux jeunes Pairs, et cette discussion délicate trouverait difficilement sa place dans ces momens graves et pressans, où le besoin de rendre bonne et prompte justice domine toutes les pensées de la Cour. C'est sans doute pour ce motif que, dans la séance rappelée tout à l'heure, la Cour des Pairs a évité de se prononcer sur la question générale, et s'est bornée à statuer pour le cas particulier du procès dont elle était alors saisie. C'est aussi ce qui ferait désirer au Président que les questions soulevées par la lettre de MM. les comtes Daru et de Montalembert fussent ajournées jusqu'au moment où la Chambre s'occupera de la proposition de loi relative à son organisation judiciaire; car elle pourrait alors donner à ces questions, qui ont aussi leur importance, tout le temps que réclamerait un examen approfondi, tandis qu'aujourd'hui le grave sujet qui préoccupe la Cour ne lui permet guère de s'arrêter long-temps à une discussion incidente.

Un Pair expose que la décision du 15 février dernier ne peut être ici applicable puisqu'elle a été formellement restreinte à l'affaire dont la Cour était alors saisie; il est donc indispensable de décider si

les Pairs reçus, qui n'ont pas voix délibérative,
pourront assister à la séance d'aujourd'hui. Si tel
est leur droit, la dignité de la Pairie est intéressée
à ce qu'aucun de ses membres ne reste privé un
seul instant de l'exercice des prérogatives qui lui
appartiennent. Ce n'est pas d'aujourd'hui que les
jeunes Pairs montrent un empressement si louable à s'associer aux travaux de leurs collègues :
on les a vus, dans les circonstances les plus graves,
réclamer comme un honneur ce qui pouvait être
alors considéré comme un péril, en confondant
leurs signatures parmi celles des juges des anciens
Ministres de Charles X. L'opinant ne demande pas
que la Cour entre ici dans une discussion de principes, mais seulement qu'elle admettre dans son
enceinte judiciaire les signataires de la lettre
adressée à M. le Président.

Un Pair confirme le fait qui vient d'être rap-
pelé en dernier lieu : quoiqu'il n'eût pas, en 1830,
l'âge fixé pour prendre part aux délibérations de
la Cour, il a signé, avec trois de ses collègues qui
se trouvaient dans la même position que lui, l'arrêt du 21 décembre.

Un troisième opinant fait remarquer que la
Cour ne peut se dispenser de voter sur la question qui lui est soumise par deux Pairs ; il n'hésite
pas à la résoudre dans le sens favorable à leur
admission.

Un cinquième opinant estime que la décision
d'aujourd'hui préjugerait nécessairement le parti
que la Chambre aura plus tard à prendre au su-

jet de la proposition de loi relative à son organisation judiciaire.

Un sixième opinant expose que, jusqu'au 15 février dernier, les jeunes Pairs avaient toujours
usé, dans les affaires judiciaires comme dans les
discussions législatives, du droit de séance, qui est,
aux termes de la Charte, leur attribut incontestable : la décision du 15 février n'a pas porté atteinte à ce droit, puisqu'au contraire elle l'a re-
servé tout entier pour l'avenir. Mais si les jeunes
Pairs doivent être admis à siéger dans tous les
cas, la parole pourrait-elle leur être accordée in-
distinctement en matière judiciaire comme en matière législative? C'est une question beaucoup plus
grave, et que l'opinant ne croit pas à propos de
discuter dans un moment où la Cour a des devoirs si pressans à remplir. Il se peut qu'un arrêt
mémorable ait été signé par quelques Pairs qui
n'avaient pas pris part à la délibération de la
Cour, mais qu'en faut-il conclure? c'est que le
désir si louable de s'associer à un acte de courage,
en même temps que de justice, a fait passer, ce
jour-là, par-dessus la rigueur des formes; mais
maintenant que la Chambre des Pairs s'occupe de
régler législativement sa procédure, toutes les
questions doivent être discutées avec soin ; les
principes doivent prévaloir sur les faits. L'opinant
demande donc qu'en admettant aujourd'hui les
jeunes Pairs à siéger dans le procès qui va s'ouvrir, les questions générales qu'il vient d'indiquer
soient réservées pour le moment où la Chambre

délibèrera sur le rapport relatif à son organisation judiciaire.

Cet avis étant appuyé de toutes parts, M. le Président met aux voix la question de savoir si les Pairs reçus qui n'ont pas voix délibérative seront admis à prendre séance avec la Cour dans le procès dont elle est saisie, sans cependant que leurs noms soient compris dans l'appel nominal.

Cette question est résolue par l'affirmative.

Les deux signataires de la lettre adressée à M. le Président entrent immédiatement dans la salle.

L'appel nominal, auquel il est procédé par le Greffier en chef, constate la présence des 137 Pairs ayant voix délibérative, dont les noms suivent :

MM.

Le baron Pasquier, président.
Le duc de Grammont,
Le duc de Mortemart.
Le duc de Choiseul.
Le duc de Montmorency.
Le duc de Broglie.
Le duc de La Force.
Le maréchal duc de Tarente.
Le marquis de Marbois.
Le marquis de Jaucourt.
Le comte Klein.
Le duc de Castries.
Le duc de la Trémoille.
Le duc de Brissac.
Le duc de Caraman.
Le comte Compans.
Le comte d'Haussonville.
Le comte Molé.
Le comte Ricard,
Le comte de Noë.

MM.

Le comte de La Roche-Aymon.
Le duc de Massa.
Le duc Decazes.
Le comte Claparède.
Le vicomte d'Houdetot.
Le baron Mounier.
Le comte Reille.
L'amiral comte Truguet.
Le vice-amiral comte Verhuell.
Le comte de Germiny.
Le comte d'Hunolstein.
Le comte de La Villegontier.
Le marquis d'Aragon.
Le maréchal duc de Conegliano.
Le comte de Bastard.
Le comte Portalis.
Le duc de Praslin.
Le comte Siméon.
Le comte Roy.

4.

MM.
Le comte de Vaudreuil.
Le comte de Tascher.
Le maréchal comte Molitor.
Le comte Guilleminot.
Le vicomte Dubouchage.
Le comte Davous.
Le comte de Sussy.
Le comte de Boissy-d'Anglas.
Le duc de Noailles.
Le marquis de Laplace.
Le duc de La Rochefoucauld.
Le comte Clément-de-Ris.
Le duc d'Istrie.
Le marquis de Brézé.
Le duc de Périgord.
Le marquis de Crillon.
Le duc de Richelieu.
Le marquis Barthélemy.
Le comte Herwyn de Nevèle.
Le duc de Bassano.
Le comte de Bondy.
Le comte de Cessac.
Le baron Davillier.
Le comte Gilbert de Voisins.
Le président Lepoitevin.
Le comte de Turenne.
Le prince de Beauvau.
Le comte d'Anthouard.
Le comte Dumas.
Le comte Exelmans.
Le comte de Flahault.
Le vice-amiral comte Jacob.
Le comte Pajol.
Le vicomte Rogniat.
Le comte Perregaux.
Le baron de Lascours.
Le comte Roguet.
Girod (de l'Ain).
Le baron Atthalin.
Besson.
Le président Boyer.

MM.
Cousin.
Le comte Desroys.
Le comte Dutaillis.
Le duc de Fezensac.
Le baron de Fréville.
Gautier.
Le comte Heudelet.
Le baron Malouet.
Le comte de Montguyon.
Le comte d'Ornano.
Le chevalier Rousseau.
Le baron Silvestre de Sacy.
Tripier.
Villemain.
Le baron Zangiacomi.
Le comte de Ham.
Le comte Bérenger.
Le comte de La Grange.
Le comte Guéhéneuc.
Le comte de Nicolaï.
Le président Faure.
Le comte de Labriffe.
Le comte Baudrand.
Le baron Neigre.
Le comte Duchâtel.
Le maréchal comte Gérard.
Le baron Haxo.
Le baron Lallemand.
Le baron Duval.
Le comte Reinhard.
Le baron Brayer.
Le maréchal comte de Lobau.
Barthe.
Le comte d'Astorg.
Bailliot.
Le baron Bernard.
De Cambacérès.
Le baron de Cambon.
Le comte Corbineau.
Le marquis de Cordoue.
Le baron Feutrier.

MM.	MM.
Le baron Fréteau de Pény.	Le baron Ledru Des Essarts.
Le vicomte Pernety.	Le baron Mortier.
De Ricard,	Le comte de Rambuteau.
Le marquis de Rochambeau.	Le comte de Serrant.
Le vicomte de Rohan-Chabot.	De Bellemare.
Le baron de Saint-Aignan.	Le baron de Morogues.
Le vicomte Siméon.	Le baron Voysin de Gartempe.
Le comte Valée.	Le baron de Campredon.

M. le Président expose qu'il a reçu de plusieurs des Pairs absens de la séance de ce jour des lettres d'excuses fondées sur l'état de leur santé ou sur les fonctions publiques qu'ils ont à remplir.

MM. le comte d'Argout, le maréchal marquis Maison, l'amiral baron Duperré et le comte de Montalivet, lui ont écrit que leurs occupations, comme membres du Cabinet, ne leur permettaient pas de prendre part aux travaux judiciaires de la Cour.

Les autres Pairs excusés pour cause de service public ou de maladie sont :

MM. le comte de Lezay-Marnesia,
   le marquis de Louvois,
   le baron de Mareuil,
   le comte Mollien,
   le maréchal duc de Reggio.

Un des Pairs compris dans l'appel nominal, M. le duc de Cadore, expose que la difficulté qu'il éprouve à entendre lui fait craindre de ne pouvoir suivre la lecture du rapport et des pièces de la procédure avec cette exactitude rigoureuse nécessaire pour former la conviction du juge : il demande, en conséquence, à la Cour l'autorisation de s'abstenir.

M. le Président dit que s'agissant ici d'une cause de déport dont l'appréciation appartient en entier à la conscience du Pair qui la propose, il ne lui semble pas que rien puisse être objecté contre une détermination fondée sur des scrupules aussi respectables.

La Cour, consultée, décide que M. le duc de Cadore est autorisé à s'abstenir.

MM. le duc Decazes, le comte de Bastard, le comte Portalis et Girod (de l'Ain), délégués par ordonnance de M. le Président, en date du 26 juin dernier, pour l'assister et le suppléer au besoin dans l'instruction, prennent place au bureau, à la droite et à la gauche de M. le Président.

M. le comte de Bastard, rapporteur, obtient la parole, et donne lecture à la Cour de son rapport.

Cette lecture achevée, M. le Président expose que la Cour a maintenant à décider si elle entend ordonner l'impression du rapport qu'elle vient d'entendre.

La Cour ordonne que ce rapport sera imprimé et distribué à tous les Pairs.

M. le Président ajoute que, dans les derniers procès jugés par la Cour, une partie considérable des pièces de l'instruction écrite avait été également mise par l'impression entre les mains de chacun des juges; mais cette impression, qui avait été alors motivée sur ce qu'aucune mémoire humaine n'eût pu retenir et coordonner les circonstances si nombreuses et si compliquées qui se rattachaient à ces affaires, n'aurait pas la même utilité dans un procès où il s'agit d'un fait simple et qui paraît isolé, d'un inculpé pris en flagrant délit et avouant son crime. Dans cet état de choses, la Cour, probablement, jugera convenable de revenir à l'application des principes ordinaires de la procédure criminelle, d'après lesquels l'instruction écrite doit demeurer secrète, sauf l'analyse qui en est faite dans l'acte d'accusation.

Ces observations étant unanimement appuyées, M. le Président propose à la Cour de donner audience au ministère public.

La Cour fait droit à cette proposition : en conséquence, M. Martin (du Nord), procureur-général du Roi, et MM. Franck Carré et Plougoulm, avocats-généraux, tous trois désignés par l'ordonnance royale du 25 juin dernier pour remplir les fonctions du ministère public dans la présente affaire, sont introduits.

Ils prennent place dans le parquet, à la droite de M. le Président.

Le procureur-général, ayant obtenu la parole, donne lecture à la Cour du réquisitoire suivant qu'il dépose, signé de lui, sur le bureau :

RÉQUISITOIRE.

« Nous, Procureur-général du Roi près la Cour des Pairs,

« Vu les pièces de la procédure instruite contre le nommé Louis Alibaud, né à Nîmes, âgé de vingt-six ans, sans profession, demeurant en dernier lieu rue des Marais, n° 3, à Paris;

« Attendu que des pièces et de l'instruction résultent contre ledit inculpé charges suffisantes de s'être rendu coupable d'un attentat contre la vie du Roi, crime prévu par les articles 86 et 88 du Code pénal;

« Vu l'article 28 de la Charte constitutionnelle, ensemble l'ordonnance royale du 25 juin 1836;

« Attendu que le crime ci-dessus qualifié rentre directement dans la compétence de la Cour des Pairs;

« Attendu d'ailleurs qu'il présente le caractère de gravité qui doit déterminer la Cour à s'en réserver la connaissance;

« Requérons qu'il lui plaise se déclarer compétente; décerner ordonnance de prise de corps contre le nommé Louis Alibaud, ordonner sa mise en accusation, et le renvoyer devant la Cour, pour y être jugé conformément à la loi.

« Fait au parquet de la Cour des Pairs, le deux juillet mil huit cent trente-six.

Signé « Martin (du Nord). »

Le ministère public s'étant retiré, M. le Président expose à la Cour qu'avant d'ouvrir la délibération sur les questions résultant du réquisitoire, il doit lui rendre compte de plusieurs circonstances dont il n'a été instruit que depuis la rédaction du rapport et la convocation de la Cour, et qui, bien que se rattachant à la préméditation de l'attentat, n'ont pas paru de nature à faire suspendre la marche de l'affaire, parce qu'il n'en résulte aucun indice tendant à établir une complicité dans cet attentat.

L'exposé fait à cet égard par M. le Président n'ayant donné lieu à aucune observation, M. le Président annonce que les pièces de la procédure écrite ne devant pas être imprimées, il va être donné lecture à la Cour des interrogatoires du prévenu Alibaud, ainsi que de toute autre pièce qui paraîtrait utile pour éclairer la conscience de MM. les Pairs.

Le Greffier en chef donne immédiatement lecture des interrogatoires subis par le prévenu Alibaud, et des autres pièces de procédure pour lesquelles cette lecture est réclamée.

M. le Président consulte ensuite la Cour sur la première question résultant du réquisitoire, celle de savoir si elle entend se déclarer compétente pour connaître de l'affaire dont le rapport vient de lui être soumis.

Il est procédé sur cette question à un tour d'appel nominal, en commençant par le dernier reçu de MM. les Pairs.

La Cour, à l'unanimité, se déclare compétente.

Avant de poser la question relative à la mise en accusation du prévenu, M. le Président rappelle à la Cour que sa décision à cet égard doit être prise à la majorité absolue des voix, mais en calculant le nombre des votans de telle manière qu'il soit fait déduction des voix qui se confondent pour cause de parenté ou d'alliance.

Il est immédiatement procédé à la formation du tableau des Pairs présens à la séance entre lesquels il y aura lieu à confusion des votes, en cas d'opinions conformes.

M. le Président pose ensuite, en ces termes, la question de mise en accusation résultant du réquisitoire.

« Y a-t-il charges suffisantes pour mettre Louis Alibaud en accusation, comme ayant commis le 25 juin dernier un attentat contre la vie du Roi. »

Cette question étant unanimement résolue par l'affirmative au premier tour d'appel nominal, et aucun Pair ne réclamant un second tour de vote, M. le Président soumet à la Cour un projet d'arrêt pour formuler les décisions qu'elle vient de prendre.

Ce projet d'arrêt est mis aux voix par appel nominal, dans la forme usitée.

Le résultat de cet appel donne l'unanimité des voix pour l'adoption du projet d'arrêt.

Le procureur général et les avocats-généraux sont de nouveau introduits.

M. le Président prononce en leur présence l'arrêt dont la teneur suit :

ARRÊT DE LA COUR DES PAIRS.

« LA COUR DES PAIRS :

« Ouï, dans la séance de ce jour, M. le comte de Bastard, en son rapport de l'instruction ordonnée par l'arrêt du 26 juin dernier;

« Ouï, dans la même séance, le procureur général du Roi, dans ses dires et réquisitions, lesquelles réquisitions par lui déposées sur le bureau de la Cour, et signées de lui, sont ainsi
conçues :

« Nous, Procureur-général du Roi près la Cour
« des Pairs :

« Vu les pièces de la procédure instruite contre
« le nommé Louis Alibaud, né à Nîmes, âgé de
« vingt-six ans, sans profession, demeurant en
« dernier lieu rue des Marais, no 3, à Paris;

« Attendu que des pièces et de l'instruction ré-
« sultent contre ledit inculpé charges suffisantes
« de s'être rendu coupable d'un attentat contre la
« vie du Roi, crime prévu par les articles 86 et
« 88 du Code pénal;

« Vu l'article 28 de la Charte constitution-
« nelle, ensemble l'ordonnance royale du 25 juin
« 1836;

« Attendu que le crime ci-dessus qualifié ren-
« tre directement dans la compétence de la Cour
« des Pairs;

« Attendu d'ailleurs qu'il présente le caractère
« de gravité qui doit déterminer la Cour à s'en
« réserver la connaissance;

« Requérons qu'il lui plaise se déclarer compé-
« tente, décerner ordonnance de prise de corps
« contre le nommé Louis Alibaud, ordonner sa

5

« mise en accusation, et le renvoyer devant la
« Cour, pour y être jugé conformément à la loi.

« Fait au parquet de la Cour des Pairs, le deux
« juillet mil huit cent trente-six.

Signé « Martin (du Nord). »

« Après qu'il a été donné lecture par le Greffier
en chef et son adjoint des pièces de la procédure,

« Et après en avoir délibéré hors la présence du
procureur-général,

« En ce qui touche la question de compétence :

« Attendu que l'attentat contre la vie ou la personne du Roi est rangé par le Code pénal dans
la classe des attentats contre la sûreté de l'État,
et se trouve dès lors compris dans la disposition
de l'article 28 de la Charte constitutionnelle ;

« Attendu que ce crime présente au plus haut
degré le caractère de gravité qui doit déterminer
la Cour à s'en réserver la connaissance ;

« Au fond :

« Attendu que de l'instruction résultent charges suffisantes contre Louis Alibaud de s'être, le
25 juin 1836, rendu coupable d'attentat contre
la vie du Roi,

« Crime prévu par les articles 86 et 88 du Code
pénal ;

« La Cour

« Se déclare compétente ;

« Ordonne la mise en accusation de Louis Alibaud ;

« Ordonne, en conséquence, que ledit Alibaud (Louis), âgé de vingt-six ans, sans profession, né à Nîmes (Gard), demeurant à Paris, rue des Marais-Saint-Germain, n° 5, taille de un mètre soixante-douze centimètres, cheveux noirs crépus, un peu longs, front bas et rond, sourcils noirs très marqués, yeux bleus, nez gros, bouche un peu grande, menton fourchu, barbe brune, gros favoris sous le menton, visage maigre et allongé, teint brun,

« Sera pris au corps et conduit dans telle maison d'arrêt que le Président de la Cour désignera, pour servir de maison de justice près d'elle ;

« Ordonne que le présent arrêt, ainsi que l'acte d'accusation dressé en conséquence, seront, à la diligence du procureur-général du Roi, notifiés audit accusé ;

« Ordonne que les débats s'ouvriront au jour qui sera ultérieurement indiqué par le Président de la Cour, et dont il sera donné connaissance, au moins trois jours à l'avance, audit accusé ;

« Ordonne que le présent arrêt sera exécuté à la diligence du procureur-général du Roi. »

Cet arrêt prononcé, les membres du ministère public se retirent.

La minute de l'arrêt est immédiatement signée par les 137 Pairs présens à la séance.

Signé PASQUIER, *président.*

E. CAUCHY, *greffier en chef.*

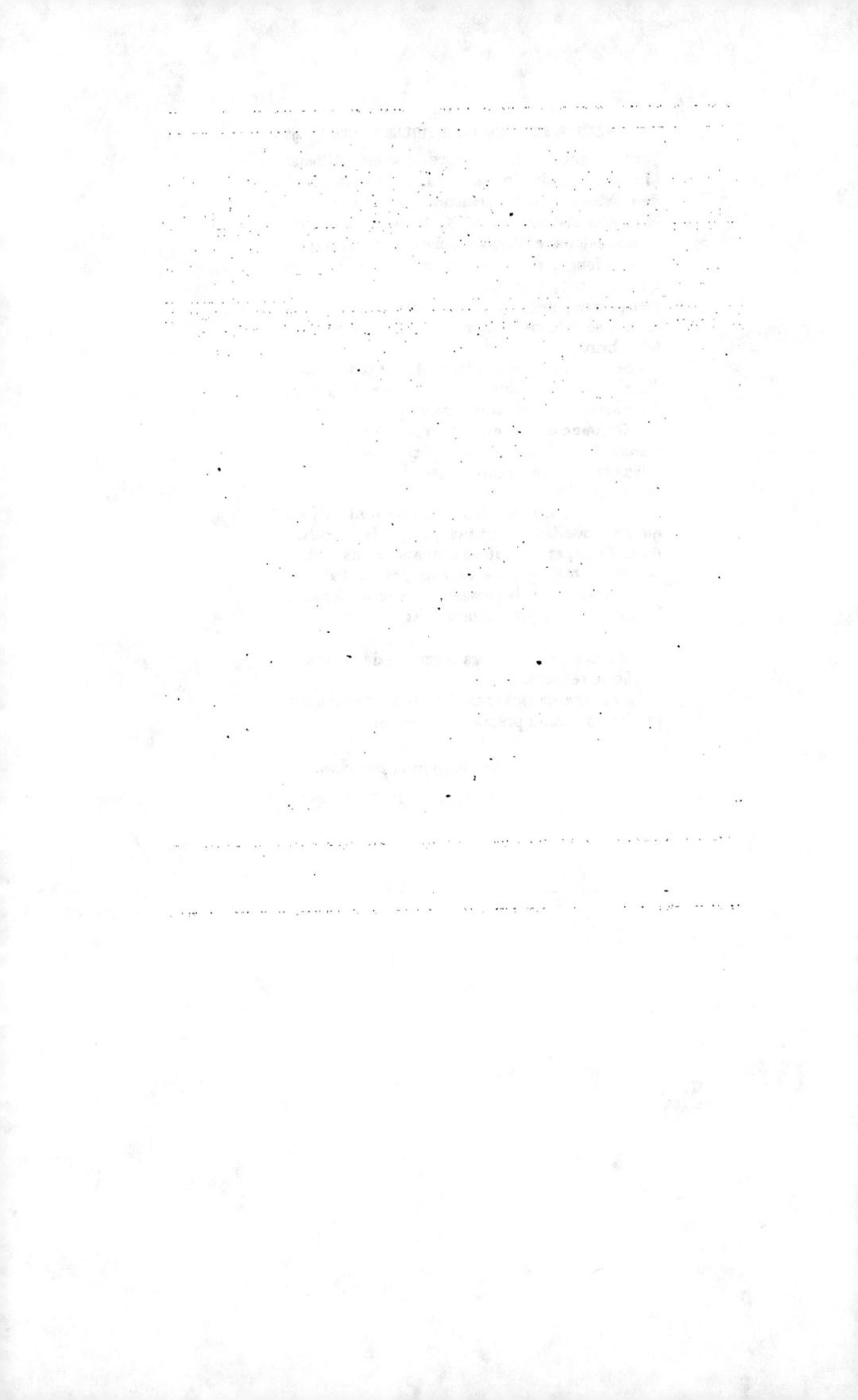

ATTENTAT
DU 25 JUIN
1836.

PROCÈS-VERBAL
Nº 4.

COUR DES PAIRS.

Séance secrète du vendredi 8 juillet 1836,

Présidée par M. le Baron PASQUIER.

LE vendredi 8 juillet 1836, à dix heures et demie
du matin, la Cour se réunit en chambre du conseil, dans l'une des salles du musée du Luxembourg, disposée à cet effet.

M. le Président expose qu'avant d'entrer en
audience publique, il doit rendre compte à la
Cour de la suite qui a été donnée à l'incident
dont il l'avait entretenue après la lecture du rapport, dans la séance du 2 de ce mois. Deux indi-
vidus qui avaient été indiqués comme ayant eu
connaissance de lettres écrites à Perpignan par
l'accusé, et dans lesquelles il annonçait l'intention
de commettre l'attentat, ont été mandés à Paris;
mais une instruction faite avec le plus grand soin
n'a produit, à leur égard, aucune preuve de culpabilité : le procureur-général se propose, en
conséquence, de les faire entendre seulement
comme témoins dans les débats qui vont s'ouvrir.

Aucune observation n'étant faite sur l'incident,
M. le Président met sous les yeux de la Cour les

lettres d'excuses qui lui ont été adressées par plusieurs Pairs empêchés de se rendre à la séance de ce jour :

MM. le comte d'Ambrugeac,
le baron Berthezène,
le comte de Montlosier,
le marquis de Pange,
le marquis de Vérac,

s'excusent sur l'état de leur santé.

MM. le comte de La Roche-Aymon,
et de Gasparin,

s'excusent par des raisons de service public.

Ces excuses ne donnant lieu à aucune observation, la Cour entre en audience publique pour l'ouverture des débats.

Signé PASQUIER, *président.*

E. CAUCHY, *greffier en chef.*

COUR DES PAIRS.

Audience publique du vendredi 8 juillet 1836,

Présidée par M. le Baron PASQUIER.

L'AN 1836, le vendredi 8 juillet, la Cour des Pairs, spécialement convoquée, s'est réunie pour l'examen et le jugement du procès instruit devant elle, en exécution de son arrêt du 26 juin dernier.

Une ordonnance rendue le 2 de ce mois par M. le Président de la Cour, et notifiée le lendemain à l'accusé, avait fixé au 7 de ce mois l'ouverture des débats sur l'accusation portée par l'arrêt du 2 juillet : une autre ordonnance de M. le Président, en date du 5 du même mois, et notifiée le même jour, a ajourné cette ouverture à aujourd'hui.

L'accusé, contre lequel ordonnance de prise de corps a été décernée par ledit arrêt, a été transféré, en conséquence, dans la maison de justice établie près la Cour.

La salle ordinaire des séances de la Chambre a été disposée pour ces débats.

MM. les Pairs qui doivent prendre part au jugement occupent leurs siéges ordinaires.

Le fauteuil de M. le Président a été transporté à gauche de la séance de MM. les Pairs, sur une estrade préparée à cet effet.

En face de cette estrade est le banc de l'accusé, devant lequel est placé un bureau pour ses défenseurs.

Dans le parquet, à droite de MM. les Pairs, est le bureau destiné au procureur-général ; à gauche est celui du Greffier en chef et de son adjoint

Les pièces à conviction, et notamment l'arme à feu à l'aide de laquelle a été exécuté l'attentat, sont placées au milieu du parquet.

Dans le couloir de la salle, des places ont été disposées pour les témoins de l'affaire.

Les tribunes qui entourent la salle reçoivent de nombreux assistans.

Avant d'entrer en audience publique, la Cour se réunit dans une des salles du musée du Luxembourg, servant de chambre du conseil.

A onze heures du matin, la Cour, précédée de de ses huissiers et suivie du Greffier en chef et de son adjoint, entre dans la salle d'audience, où déjà le public et l'accusé ont été introduits.

Immédiatement après la Cour sont introduits, précédés des huissiers du parquet, M. Martin (du Nord), procureur-général du Roi, et MM. Franck Carré et Plougoulm, avocats-généraux nommés par l'ordonnance du Roi du 25 juin dernier, pour remplir les fonctions du ministère public dans la présente affaire.

Me Charles Ledru défenseur de l'accusé, assisté de Me Bonjour, est présent au barreau.

MM. les Pairs ayant pris séance, et l'assemblée

étant découverte, M. le Président déclare l'ouverture de l'audience.

Il invite le public admis à cette audience à écouter dans un respectueux silence les débats qui vont avoir lieu.

Le Greffier en chef, sur l'ordre de M. le Président, fait l'appel nominal des membres de la Cour, à l'effet de constater le nombre des Pairs présens, qui, seuls, pourront prendre part au jugement.

Cet appel, fait par ordre d'ancienneté de réception, suivant l'usage de la Cour, constate la présence des 162 Pairs dont les noms suivent :

MM.

Le baron Pasquier, président.
Le duc de Gramont.
Le duc de Mortemart.
Le duc de Choiseul.
Le duc de Broglie.
Le duc de Montmorency.
Le duc de La Force.
Le maréchal duc de Tarente.
Le marquis de Marbois.
Le marquis de Jaucourt.
Le comte Klein.
Le marquis de Sémonville.
Le duc de Castries.
Le duc de La Trémoille.
Le duc de Brissac.
Le duc de Caraman.
Le comte Compans.
Le comte d'Haussonville.
Le comte Molé.
Le marquis de Mun.
Le comte Ricard.
Le baron Séguier.
Le comte de Noé.
Le duc de Massa.

MM.

Le duc Decazes.
Le comte de Bérenger.
Le comte Claparède.
Le marquis de Dampierre.
Le vicomte d'Houdetot.
Le baron Mounier.
Le comte Reille.
Le comte Rampon.
Le comte de Sparre.
Le marquis de Talhouët.
L'amiral comte Truguet.
Le vice-amiral comte Verhuell.
Le comte de Germiny.
Le comte d'Humblstein.
Le comte de La Villegontier.
Le marquis d'Aragon.
Le baron Dubreton.
Le maréchal duc de Conegliano.
Le comte de Bastard.
Le comte Portalis.
Le duc de Praslin.
Le duc de Crillon.
Le duc de Coigny.

6

MM.

Le comte Siméon.
Le comte Roy.
Le comte de Vaudreuil.
Le comte de Tascher.
Le maréchal comte Molitor.
Le comte Guilleminot.
Le comte d'Haubersart.
Le comte Dejean.
Le duc de Plaisance.
Le vicomte Dode.
Le vicomte Dubouchage.
Le comte Davous.
Le comte de Sussy.
Le comte de Boissy-d'Anglas.
Le duc de Noailles.
Le marquis de Laplace.
Le duc de La Rochefoucauld.
Le comte Clément-de-Ris.
Le v^te de Ségur-Lamoignon.
Le duc d'Istrie.
Le comte Abrial.
Le duc de Périgord.
Le marquis de Crillon.
Le duc de Richelieu.
Le marquis Barthélemy.
Le duc de Crussol.
Le comte Herwyn de Nevèle.
Le marquis de Boisgelin.
Le duc de Bassano.
Le comte de Bondy.
Le comte de Cessac.
Le baron Davillier.
Le comte Gilbert de Voisins.
Le président Lepoitevin.
Le comte de Turenne.
Le prince de Beauvau.
Le comte d'Anthouard.
Le comte Dumas.
Le comte Exelmans.
Le comte de Flahault.
Le vice-amiral comte Jacob.

MM,

Le comte Pajol.
Le vicomte Rogniat.
Le comte Philippe de Ségur.
Le comte Perregaux.
Le baron de Lascours.
Le comte Roguet.
Girod (de l'Ain).
Le baron Atthaliu.
Aubernon.
Bertin de Veaux.
Besson.
Le président Boyer.
Le vicomte de Caux.
Cousin.
Le comte Desroys.
Le comte Dutaillis.
Le duc de Fezensac.
Le baron de Fréville.
Gautier.
Le comte Heudelet.
Humblot-Conté.
Le baron Louis.
Le baron Malhouet.
Le comte de Montguyon.
Le comte Ornano.
Le chevalier Rousseau.
Le baron Silvestre de Sacy.
Tripier.
Villemain.
Le baron Zangiacomi.
Le comte de Ham.
Le comte Bérenger.
Le comte de Colbert.
Le comte Guéhéneuc.
Le comte de La Grange.
Le comte de Nicolaï.
Le président Félix Faure.
Le comte de Labriffe.
Le comte de Baudrand.
Le comte de Preissac.
Le baron Neigre.

MM.

Le comte Duchâtel.
Le maréchal comte Gérard.
Le baron Haxo.
Le baron Lallemand.
Le baron Duval.
Le comte Reinhard.
Le baron Brayer.
Le maréchal comte de Lobau.
Barthe.
Le comte d'Astorg.
Bailliot.
Le baron Bernard.
De Cambacérès.
Le baron de Cambon.
Le comte Corbineau.
Le marquis de Cordoue.
Le baron Feutrier.

MM.

Le baron Fréteau de Peny.
Le vicomte Pernety.
De Ricard.
Le marquis de Rochambeau.
Le vicomte de Rohan-Chabot.
Le baron Auguste de Saint-
Aignan.
Le vicomte Siméon.
Le comte Valée.
Le baron Ledru Des Essarts.
Le baron Mortier.
Le comte de Rambuteau.
Le comte de Serrant.
De Bellemare.
Le baron de Morogues.
Le baron Voysin de Gartempe.
Le baron de Campredon.

Outre MM. les Pairs compris dans l'appel nominal, plusieurs de MM. les Pairs reçus, mais n'ayant pas encore voix délibérative, sont présens à la séance.

L'appel nominal achevé, M. le Président, pour se conformer à l'article 310 du Code de procédure criminelle, demande à l'accusé quels sont ses nom, prénoms, âge, lieu de naissance, profession et domicile.

L'accusé répond se nommer Louis Alibaud, né à Nîmes (département du Gard), âgé de vingt-six ans, sans profession, demeurant en dernier lieu rue des Marais, n° 3, à Paris.

M. le Président rappelle ensuite aux défenseurs de l'accusé les règles que leur prescrit, dans la défense, l'article 311 du Code d'instruction criminelle.

Il avertit l'accusé d'être attentif à ce qu'il va entendre, et ordonne au Greffier en chef de donner lecture :

1°. de l'arrêt de la Cour en date du 2 de ce mois, qui prononce la mise en accusation et ordonne l'ouverture des débats;

2°. de l'acte d'accusation dressé en conséquence, par le procureur-général, contre Louis Alibaud.

Préalablement à cette lecture sont introduits les témoins assignés pour déposer des faits énoncés dans l'acte d'accusation.

Le Greffier en chef donne lecture des pièces ci-dessus mentionnées.

Le procureur-général présente ensuite la liste des témoins assignés à sa requête, tant pour soutenir les moyens de l'accusation que sur la demande de l'accusé.

Le Greffier en chef donne lecture de cette liste, qui a été préalablement notifiée, conformément à l'article 315 du Code d'instruction criminelle.

M. le Président ordonne ensuite aux témoins de se retirer dans la chambre qui leur est destinée.

Avant qu'il soit procédé à l'interrogatoire de l'accusé, Me Ledru se lève et donne lecture des conclusions suivantes :

CONCLUSIONS POUR L'ACCUSÉ ALIBAUD.

« PLAISE A LA COUR :

« Attendu qu'aux termes de l'article 6 de la loi

du 9 septembre 1835, le réquisitoire et l'ordonnance contenant indication du jour de l'audience doivent être signifiés au prévenu, dix jours au moins avant l'ouverture des débats, par un huissier que le Président de la Cour commettra;

« Que cette procédure est d'urgence et de droit écrit;

« Que l'arrêt de la Cour des Pairs contre Alibaud a été rendu le 2 juillet et signifié le même jour;

« Que l'acte d'accusation n'a été signifié à Alibaud que le 3 juillet, et que le délai de la loi n'a donc pas été observé;

« Renvoyer l'affaire au jour qu'il plaira à la Cour de fixer. »

Signé « Ch. Ledru. »

Le procureur-général fait observer que l'art. 6 de la loi du 9 septembre 1835, sur lequel s'appuient les conclusions qui viennent d'être prises, est relatif à un cas tout-à-fait spécial qui ne se rencontre pas ici. Cette disposition, faite pour les tribunaux ordinaires, s'occupe uniquement de régler les formes à suivre lorsqu'un accusé est cité directement devant la cour d'assises sans que l'affaire ait été portée devant la chambre des mises en accusation; mais on ne saurait invoquer cette loi dans l'affaire dont les débats viennent de s'ouvrir, puisqu'il existe un arrêt d'accusation rendu contre Alibaud par la Cour des Pairs; et si le défenseur voulait argumenter de l'art. 296 du Code d'instruction criminelle pour prétendre qu'un dé-

lai de cinq jours devait s'écouler entre la notification de cet arrêt et l'ouverture des débats, on
pourrait lui répondre que le délai de cinq jours
n'est accordé, dans les affaires de cour d'assises,
que pour donner à l'accusé le temps de se pourvoir contre l'arrêt de la cour royale, et que
les arrêts de la Cour des Pairs ne sont pas sus-
ceptibles de pourvoi. Par ces motifs, le procureur-général conclut à ce que, sans s'arrêter
aux conclusions qui viennent d'être prises, la
Cour ordonne qu'il sera passé outre aux débats.

Le défenseur développe des moyens nouveaux
à l'appui de ses conclusions; il soutient que si la
loi de septembre est inapplicable à la cause, l'accusé doit jouir du bénéfice des lois générales qui
établissent, soit par la disposition formelle des
articles 217 et 296 du Code d'instruction criminelle, soit comme une conséquence implicite des
formes multipliées qui précèdent le jugement, la
nécessité d'un délai au moins égal à dix jours; il
invoque à cet égard les précédens de la Cour des
Pairs et allègue, en terminant, que des copies de
pièces qu'il doit discuter ont été signifiées à l'accusé ce matin même.

Le procureur-général répond que le délai nécessaire pour préparer la défense doit être, comme
la durée de l'instruction, proportionné à la nature
des faits sur lesquels le débat doit porter. La Cour
des Pairs a donc pu, avec toute raison, accorder à
l'accusé, suivant les circonstances, tantôt un délai
de quinzaine, tantôt un délai plus court : celui
qu'elle a fixé, par son arrêt du 2 de ce mois, n'était

que de trois jours entre la notification de l'ordonnance de M. le Président et l'ouverture des débats. Ce délai a été plus qu'observé : la prétention
du défenseur est donc repoussée à la fois par la
loi et par l'arrêt même de la Cour.

Après une nouvelle réplique du défenseur, la
Cour ordonne qu'il en sera immédiatement délibéré dans la chambre du conseil.

L'audience publique reste suspendue.

Signé PASQUIER , *président.*

E. CAUCHY, *greffier en chef.*

ATTENTAT
DU 25 JUIN
1836.

PROCÈS-VERBAL
N° 6.

COUR DES PAIRS.

Autre séance secrète du vendredi 8 juillet 1836,

Présidée par M. le Baron Pasquier.

Le vendredi 8 juillet, à midi, la Cour, composée comme il est dit au procès-verbal de l'audience publique de ce jour, entre dans la chambre du conseil pour délibérer sur les conclusions prises à cette audience par M° Charles Ledru, défenseur de l'accusé Alibaud, et tendant à ce que la suite des débats soit renvoyée à un jour plus éloigné.

Avant d'aller aux voix sur ces conclusions, M. le Président expose qu'il vient de recevoir de M° Charles Ledru des conclusions plus développées que celles qui ont été prises à l'audience : il propose à la Cour d'en entendre la lecture.

La Cour décide qu'il sera immédiatement donné lecture des conclusions développées du défenseur.

Cette lecture est donnée par le Greffier en chef.

Suit la teneur des nouvelles conclusions :

7

CONCLUSIONS DÉVELOPPÉES POUR L'ACCUSÉ ALIBAUD.

« PLAISE A LA COUR :

« Attendu qu'aux termes de la loi du 9 septembre 1835, qui établit une procédure extraordi-
naire et d'urgence en abrogeant la loi antérieure,
il est réglé, article 6 :

« Le réquisitoire et l'ordonnance contenant in-
« dication du jour de l'audience seront signifiés
« aux prévenus dix jours au moins avant l'ouver-
« ture des débats; »

« Attendu qu'antérieurement à cette législation
la loi accordait au prévenu, 1°. aux termes de
l'article 217,

« Cinq jours à partir de la réception des pièces
« par le procureur-général, pendant lequel temps
« le prévenu pouvait fournir tels mémoires qu'il
« estimait convenables ; »

« 2°. le temps nécessaire pour que la cour
« royale, chambre des mises en accusation, pro-
« nonçât sur le mérite de l'ordonnance de la cham-
« bre du conseil; »

« Attendu qu'à partir de l'arrêt de renvoi l'accusé avait, aux termes de la même législation,
cinq jours pleins pour se pourvoir en cassation
(art. 296, 299, 300) ;

« Que si la loi ne disait pas textuellement que
dans aucun cas un accusé ne pourrait être traduit
devant les assises avant un délai de quinzaine,

cela résultait forcément de l'impossibilité où se trouvaient les magistrats de terminer une procédure criminelle avant ce délai ;

« Que cette preuve d'ailleurs ressort de la nouvelle législation elle-même qui est intervenue en septembre, ainsi que le constatent le rapport de ladite loi, l'exposé des motifs et la discussion des Chambres, pour éviter la longueur des délais nécessaires et inévitables en matière criminelle, d'après la législation antérieure ;

« Que si la législation de septembre a autorisé M. le procureur-général à citer directement un prévenu, elle lui a enjoint d'accorder un délai de dix jours au moins, à partir de la signification du réquisitoire et de l'ordonnance ;

« Que du reste, aux termes de cette législation récente, la procédure et l'instruction ont dû être terminées par le procureur-général avant cette signification, tandis que, dans la cause actuelle, la signification de l'acte d'accusation a eu lieu avant la signification des dépositions ;

« Que le défenseur a été dans l'impossibilité physique de lire l'instruction, dont une partie importante lui a été communiquée à l'audience même et sans qu'il ait pu en conférer avec son client ;

« Attendu enfin qu'il s'agit d'un principe de liberté et d'ordre public contraire à tous les précédens de la Cour des Pairs ;

« Que le malheur qui résulterait de la violation d'un principe aussi sacré que celui qui donne à tout accusé le temps nécessaire pour se défendre

serait irréparable devant une juridiction qui prononce sans appel ;

« Que la gravité de l'attentat lui-même et la
circonstance qu'il a été commis sur la personne du
Roi rendent plus rigoureuse encore l'observation
des règles du droit criminel, conformes à l'équité,
au bon sens et à la jurisprudence de tous les peuples civilisés ;

« Attendu d'ailleurs, en fait, qu'il ne s'est pas
même écoulé cinq jours depuis la signification de
l'acte d'accusation, laquelle a eu lieu seulement
le 3 juillet (jour de dimanche), ce qui rend même
cette signification nulle ;

« Renvoyer l'affaire au jour qui sera ultérieurement fixé.

Signé « CH. LEDRU. »

L'appel nominal est immédiatement ouvert sur
la question de savoir s'il y a lieu de faire droit
aux conclusions du défenseur.

Un premier opinant fait remarquer que les
textes de loi cités par le défenseur sont évidem-
ment sans application possible dans l'affaire soumise à la Cour : la loi du 9 septembre 1835,
uniquement relative à la procédure à suivre devant la cour d'assises en cas d'assignation directe
sans arrêt de mise en accusation, ne peut être in-
voquée dans une cause où la mise en accusation a
été prononcée par arrêt dans les formes ordinaires : quant à l'article 296 du Code d'instruction criminelle, il n'a pas pour but de créer un
délai nécessaire pour préparer la défense, mais

seulement de mettre l'accusé à même de se pourvoir en nullité contre l'arrêt d'accusation rendu
par la cour royale, et cette disposition est inexé-
cutable devant une juridiction dont les arrêts ne
peuvent être attaqués par aucune voie. L'opinant estime, en conséquence, qu'il n'y a pas lieu
de s'arrêter aux conclusions prises au nom de
l'accusé.

Un autre Pair reconnaît qu'il n'existe pas de
texte de loi qui soit ici rigoureusement applicable;
mais n'y a-t-il pas des considérations morales qui
méritent d'être appréciées par un corps de haute
magistrature appelé à régler sa juridiction et ses
formes en vertu d'un grand pouvoir discrétionnaire? Sous ce rapport, la loi de septembre doit être
considérée dans son esprit: on y voit qu'au moment
où toutes les formes de procédure sont simplifiées
par une citation directe, au moment où la cour
d'assises se rapproche, pour ainsi dire, de la Cour
des Pairs par la concentration qui s'opère en elle de
tous les pouvoirs judiciaires, le législateur a arbitré
à dix jours le délai convenable pour que l'accusé
ait le temps de préparer sa défense. On ne sait que
trop sans doute que dans le procès déféré à la Cour,
la criminalité ne pourra pas être douteuse; que les
preuves sont faciles à administrer à l'appui de l'accusation; mais n'y a-t-il pas, dans cette évidence même
du crime qui accable l'accusé, une raison de plus
pour que les juges accordent à la défense tous les délais convenables? Enfin, pour s'appuyer ici sur une
analogie tirée des travaux mêmes de la Chambre,
l'opinant rappelle que, dans la proposition de loi

qui lui a été soumise à la fin de cette session pour régler son organisation judiciaire, il y a un article d'après lequel l'ordonnance relative à l'ouverture des débats devrait toujours être notifiée à l'accusé quinze jours à l'avance. Le noble Pair hésite par ces motifs à rejeter les conclusions du défenseur.

Un troisième opinant fait remarquer que lorsque la Chambre s'occupera de discuter le travail de sa commission d'organisation judiciaire, elle aura à examiner la question de principe, et à voir s'il n'existe pas quelquefois des motifs impérieux pour que le châtiment suive de près certains crimes : quant à présent, la Cour peut se renfermer dans l'examen de la question de fait relative à l'incident survenu à l'audience de ce jour. Les conclusions du défenseur ne sont pas fondées en droit; la Cour paraît unanime pour le reconnaître : quant aux convenances de raison et d'équité, il serait difficile de trouver, dans une affaire aussi simple, des motifs pour prolonger le délai fixé par l'arrêt d'accusation : l'opinant vote donc pour qu'il soit passé outre aux débats.

Un quatrième estime que, sans tirer à conséquence pour l'avenir, et en se fondant uniquement sur ce que le défenseur allègue n'avoir pas eu le temps nécessaire pour examiner toutes les pièces de la procédure, la Cour pourrait encore lui accorder quelques jours de délai.

Un cinquième expose que l'absence d'une loi positive ne serait pas pour la Cour des Pairs un motif suffisant de rejeter les conclusions prises au nom de l'accusé, s'il se présentait en leur faveur un de ces

grands principes de justice qui préexistent à toutes
les lois. Aucun accusé, quel que soit son crime, ne
doit être mis en jugement avant d'avoir été mis à
même de connaître parfaitement toutes les charges
qui s'élèvent contre lui : telle est la règle de conduite dont la Cour des Pairs ne s'écartera jamais :
le noble Pair en a pour gage tous ses précédens,
et cet esprit de haute équité qui, récemment encore, a dicté à la commission d'organisation judiciaire la proposition qui a été rappelée par le
second opinant. Mais si un délai doit toujours être
accordé à la défense, la détermination de ce délai
peut et doit varier suivant les circonstances; car il
convient de le mettre en rapport avec les nécessités
de la cause. Dans celle qui a motivé la convocation
de la Cour, il n'existe pour ainsi dire aucun fait con-
troversé; aucun moyen de défense n'a été mis en
avant par l'accusé : il y a donc lieu de penser que
le délai de trois jours, fixé par l'arrêt d'accusation,
a dû être tout-à-fait suffisant pour la défense.

Un sixième opinant estime qu'en effet la Cour
n'a à s'occuper ici que d'une question de convenance et d'équité; si elle pense que le temps n'a
pas manqué au défenseur pour prendre connaissance des pièces de la procédure, elle n'a rien à
changer à la détermination qu'elle a déjà prise;
mais, à ce sujet, l'opinant désirerait que la Cour fût
éclaircie sur un fait allégué par le défenseur, et
que M. le Président voulût bien faire connaître s'il
est vrai que des pièces importantes de la procédure
n'aient été signifiées à l'accusé que ce matin même.

M. le Président annonce que toutes les pièces

de la procédure instruite sur le fait d'attentat ont
été remises en copie à l'accusé il y a plusieurs
jours, et que toute facilité a été donnée à son défenseur pour prendre connaissance de la procédure entière; il ajoute que les pièces auxquelles il
vient d'être fait allusion n'ont aucun trait à l'accusation, mais se rapportent seulement aux précédens de l'accusé, sur lesquels le ministère public
avait cru devoir provoquer des enquêtes, par
voie de commission rogatoire, dans tous les lieux
où l'accusé a séjourné et dans le régiment où il a
servi. L'une de ces enquêtes, dans laquelle ont
comparu un grand nombre de témoins, n'étant
parvenue au greffe qu'hier au soir, la copie qui devait en être faite pour l'accusé n'a pu être achevée
que dans la nuit, et lui a été notifiée ce matin;
mais il ne s'y trouve aucun fait sur lequel le défenseur puisse avoir à s'expliquer à l'audience.

Cette explication donnée, M. le Président fait
reprendre le tour de vote commencé.

Un Pair estime que les pièces notifiées en dernier
lieu à l'accusé ne se rapportant pas aux faits
contenus dans l'acte d'accusation, cette notification, qui ne lui était pas rigoureusement due, ne
peut devenir un motif pour réclamer une prolon-
gation de délai.

Un autre Pair rappelle que, devant la justice ordinaire, il arrive souvent qu'un prévenu, mis en
accusation pendant la tenue des assises, est jugé
immédiatement après l'expiration des cinq jours,
et sans attendre une session nouvelle : quant aux
faits qui n'ont aucun rapport avec le crime imputé

à l'accusé, l'opinant estime que ni la Cour ni le défenseur n'ont à s'en occuper aux débats.

Plusieurs Pairs, en appuyant le rejet des conclusions, émettent l'avis que la Cour peut s'abstenir de développer dans son arrêt les motifs qui l'auront déterminée.

M. le Président estime au contraire que la Cour doit à sa dignité, et à la conscience qu'elle a de ne manquer à aucun devoir, un exposé public des motifs qui l'empêchent de s'arrêter aux conclusions du défenseur : ce n'est pas seulement du droit que ces motifs peuvent être tirés, mais aussi des faits même du procès, de la convenance, de l'équité, enfin du principe de haute morale qui ne permet pas de considérer comme rentrant dans la cause toutes les circonstances étrangères que l'on pourrait vouloir y rattacher, et dans lesquelles on s'efforcerait peut-être de trouver des motifs pour établir et même célébrer ce qu'on appelle aujourd'hui la moralité d'un accusé, dans le plus odieux des attentats. Le Président donne son plein et entier assentiment à ce qui a été si bien dit sur la nécessité d'accorder à tout accusé le temps de connaître à fond les charges qui s'élèvent contre lui, mais il ne faut pas que, dans des crimes de la nature surtout de celui qui est en ce moment poursuivi, un délai inutile pour la découverte de la vérité devienne un moyen de spéculer sur les émotions du public ou sur les chances d'un avenir que certaines gens ne désespèrent jamais de se rendre favorable.

Le premier tour d'opinions donne pour résul-

8

tat le rejet des conclusions du défenseur par un arrêt motivé. M. le Président consulte la Cour par mains levées pour savoir si elle entend qu'il soit procédé à un second tour de vote.

La Cour décide qu'elle s'en tient au résultat du premier tour.

M. le Président donne lecture d'un projet d'arrêt qu'il a préparé pour formuler la décision prise par la Cour.

Ce projet d'arrêt ne donne lieu à aucune discussion : la Cour l'adopte par mains levées.

L'audience publique est immédiatement reprise pour la prononciation de cet arrêt.

Signé PASQUIER, *président.*

E. CAUCHY, *greffier en chef.*

COUR DES PAIRS.

Reprise de l'audience publique du vendredi
8 juillet 1836,

Présidée par M. le Baron PASQUIER.

LE vendredi 8 juillet 1836, à deux heures de relevée, la Cour reprend son audience publique.

M. le Président donne lecture de l'arrêt dont
la teneur suit :

ARRÊT DE LA COUR DES PAIRS.

« LA COUR DES PAIRS :

« Vu les conclusions prises à l'audience par
Me Ledru, défenseur de l'accusé, et les développe-
pemens adressés par lui ultérieurement :

« Ouï le procureur-général du Roi en ses conclusions, et Me Ledru dans ses plaidoiries et répli-
ques.

« APRÈS en avoir délibéré :

« Attendu que la loi du 9 septembre 1835 est
uniquement relative à la procédure devant la Cour
d'assises pour les cas d'assignation directe sans
arrêt de mise en accusation ;

« Attendu que l'art. 296 du Code d'instruction criminelle, qui fixe le délai pendant lequel un accusé a le droit de se pourvoir en cassation contre un arrêt de mise en accusation rendu par une Cour royale, n'est pas applicable à un arrêt de mise en accusation prononcé par la Cour des Pairs;

« Attendu que si aucune disposition de loi n'a fixé le délai qui doit s'écouler entre la notification de l'arrêt d'accusation et l'ouverture des débats, il n'en est pas moins indispensable que l'accusé obtienne le temps nécessaire pour connaître les charges élevées contre lui, la procédure instruite à l'appui de ces charges, et pour préparer sa défense, et que c'est à la Cour qu'il appartient de déterminer ce temps;

« Attendu que l'accusé a été arrêté en flagrant délit, que ses interrogatoires constituent la principale partie de l'instruction en ce qui concerne l'attentat poursuivi; que les actes de procédure auxquels le défenseur a fait allusion ne se rapportent pas à cet attentat, et que, dans les circonstances de la cause, le délai accordé audit accusé par l'arrêt du 2 juillet était pleinement suffisant;

«ORDONNE que sans avoir égard aux conclusions déposées par Me Ledru, il sera immédiatement passé outre aux débats. »

Après la prononciation de cet arrêt, Me Ledru demande qu'il plaise à M. le Président donner l'ordre d'assigner, en vertu de son pouvoir discrétionnaire, les sieurs Pomairol et Biron, pour être entendus dans les débats qui vont s'ouvrir.

M. le Président, faisant droit à cette demande, ordonne que ces deux témoins seront cités à comparaître séance tenante.

M. le Président procède ensuite à l'interrogatoire de l'accusé : celui-ci répond aux diverses questions qui lui sont adressées.

Dans le cours de cet interrogatoire M. le Président fait représenter à l'accusé le fusil-canne à l'aide duquel a été commis l'attentat, et les autres pièces à conviction déposées au greffe de la Cour.

Il est ensuite procédé à l'audition des témoins assignés à la requête du procureur-général.

Ces témoins sont successivement introduits, dans l'ordre de la liste lue à l'ouverture de l'audience : chacun d'eux, avant de déposer, prête serment de parler sans haine et sans crainte, de dire toute la vérité et rien que la vérité.

Ils déclarent ainsi leurs nom, prénoms, âge, profession et domicile.

1°. Bachelier (André-Louis), âgé de 35 ans, propriétaire, demeurant ordinairement à Paris, rue de Provence, n° 2, présentement à Auteuil, rue des Perchans, n° 2.

2°. Salome (Théodore-Benjamin), âgé de 30 ans, rentier, demeurant à Paris, rue Caumartin, n° 15.

3°. Dupont (Joachim-François), âgé de 40 ans,

sous-adjudant au palais des Tuileries, demeurant à Paris, rue de Chartres, n° 11.

4°. Contat (François-Louis-Pierre), âgé de 49 ans, valet de chambre du Roi, demeurant à Paris, rue Saint-Thomas-du-Louvre, n° 22.

5°. Delaborde (Auguste-Joseph-Achille), âgé de 28 ans, lieutenant en premier au 5e hussards, demeurant à Paris, rue Beautreillis, n° 10.

6°. Beau (Antoine-Denis), âgé de 49 ans, juge au tribunal de commerce, demeurant à Paris, rue du Bac, n° 100.

7°. Petit (Louis), âgé de 42 ans, marchand de nouveautés, demeurant à Paris, rue Notre-Dame-de-Nazareth, n° 24.

8°. Devisme (Louis-François), âgé de 30 ans, arquebusier, demeurant à Paris, rue du Helder, n° 12.

9°. Frichot (Jules-Adolphe), âgé de 29 ans, quincaillier, demeurant à Paris, rue Dauphine, n° 59.

10°. Morin (Jacques), âgé de 42 ans, maître d'hôtel garni, demeurant à Paris, rue de Valois-Batave, n° 5.

11°. Recoule (Jean), âgé de 36 ans, concierge, demeurant à Paris, rue de Grenelle-Saint-Honoré, n° 59.

12°. Batisa (Antoine), âgé de 46 ans, marchand de vin en gros, demeurant à Paris, rue Saint-Sauveur, n° 12.

13°. Manoury (Jean-Baptiste), âgé de 28 ans, garçon marchand de vin chez M. Batisa, rue Saint-Sauveur, n° 12, à Paris.

14°. Froment (Pierre-Napoléon-Jean-Marie) âgé de 33 ans, hôtelier, demeurant à Paris, rue des Marais-Saint-Germain, n° 3.

15°. Depraz-Depland (Thomas), âgé 32 ans, garçon d'hôtel, demeurant à Paris, rue des Marais-Saint-Germain, n° 3.

16°. Félix (Jean-Joseph), âgé de 26 ans, limonadier, demeurant à Paris, rue du Colombier, n° 4.

17°. Femme Félix (Isabelle-Françoise Guède), âgée de 20 ans, limonadière, demeurant à Paris, rue du Colombier, n° 4.

18°. Dubois (François), âgé de 47 ans, tenant table d'hôte, rue Furstemberg, n° 9, à Paris.

19°. Lalande (Léon-Pierre), âgé de 24 ans, étudiant en médecine, demeurant à Paris, rue Saint-André-des-Arcs, n° 80.

20°. Cauvry (Théophile-Edmond), âgé de 21 ans, étudiant en médecine, demeurant à Paris, rue Saint-Jacques, n° 166.

21°. Femme Prevost (Adelaïde-Jeanne Gombaut), âgée de 28 ans, libraire, demeurant à Paris, rue Bourbon-Villeneuve, n° 61.

22°. Fraisse (Léonce), âgé de 20 ans, commis-voyageur, demeurant à Paris, rue Bourbon-Villeneuve, n° 34.

23°. Pierret (Alexandre), âgé de 23 ans, chirur-
gien, élève au Val-de-Grâce, demeurant à Paris, rue Saint-Jacques, n° 166.

24°. Botrel (Charles), âgé de 28 ans, employé,
demeurant à Paris, rue Guénégaud, n° 24.

25°. Corbière (Gervais), âgé de 36 ans, négociant, demeurant à Perpignan.

26°. Artus (François), âgé de 33 ans, relieur,
demeurant à Perpignan.

Après chaque déposition, M. le Président demande au témoin si c'est de l'accusé ici présent
qu'il a entendu parler ; il demande ensuite à l'accusé s'il veut répondre à ce qui vient d'être dit.

M. le Président donne ensuite l'ordre d'intro-
duire les témoins appelés à la requête du procureur-général, sur la demande de l'accusé.

Ces témoins sont entendus après avoir prêté
serment, dans la forme prescrite par la loi et dans
l'ordre suivant :

1°. Brusselle (Louis), âgé de 29 ans, ancien sous-
officier, demeurant à Paris, rue de Provence,
n° 24.

2°. Fraisse (Armand-François), âgé de 22 ans,
fabricant de soieries, demeurant à Paris, rue
Bourbon-Villeneuve, n° 34.

3°. Fringant (Marie-Joseph-Ernest), âgé de 32
ans, imprimeur en taille douce, demeurant à
Paris, rue Saint-Jacques, n° 34.

4°. Gerle (Cyr-Pierre), âgé de 24 ans, marchand

de vin, demeurant à Paris, rue Neuve-Saint-Paul, n° 44.

5°. Gras (Jean-Baptiste-Marie), âgé de 22 ans, commis chez sa mère, demeurant à Paris, rue de Seine-Saint-Germain.

6°. Guillemain (Alexandre), âgé de 27 ans, étudiant, demeurant à Paris, rue des Canettes, n° 17.

7°. Lefebure (Guillaume-Bonaventure), âgé de 29 ans, négociant, demeurant à Paris, rue Saint-Sauveur, n° 28.

8°. Lespinasse (Jean-Baptiste), âgé de 28 ans, marchand de vin en gros, demeurant à Paris, rue du faubourg Poissonnière, n° 50.

9°. Persent (Jean-Baptiste), âgé de 33 ans, limonadier, demeurant à Paris, passage du Saumon, n° 2.

10°. Watelier (Eugène-Pierre), âgé de 19 ans, relieur, demeurant à Paris, rue Poupée, n° 18.

La liste des témoins assignés à la requête du procureur-général étant épuisée, M. le Président fait appeler les deux témoins cités en vertu de son pouvoir discrétionnaire, sur la demande de l'accusé.

Ces témoins font leur déclaration sans prestation de serment, dans la forme prescrite par l'art. 269 du Code d'instruction criminelle et dans l'ordre suivant :

1°. Pamairol (Adolphe-Ambroise), âgé de 27

9

ans, ex-sergent-major au 16ᵉ de ligne, demeurant à Paris, hôtel et passage du Saumon.

2°. Biron (Guillaume), âgé de 49 ans, concierge, demeurant à Paris, rue Bourbon-Villeneuve, n° 34.

L'heure étant avancée, la suite des débats est renvoyée à demain samedi, 9 juillet, à 10 heures et demie du matin.

Signé PASQUIER, *président.*

E. CAUCHY, *greffier en chef.*

COUR DES PAIRS.

Audience publique du samedi 9 juillet 1836,

Présidée par M. le Baron PASQUIER.

LE samedi 9 juillet 1836, à 10 heures trois quarts du matin, la Cour reprend son audience publique pour l'examen et le jugement de l'accusé Louis Alibaud.

Cet accusé est présent à la barre.

Il est assisté de ses défenseurs.

Le Greffier en chef, sur l'ordre de M. le Président, procède à l'appel nominal des membres de la Cour.

Leur nombre, qui s'élevait hier à 162, se trouve réduit à 161 par l'absence de M. le marquis de Boisgelin, retenu par indisposition.

M. le Président annonce que la parole est au procureur-général.

Le procureur-général est immédiatement entendu dans le développement des moyens de l'accusation : il termine ce développement par la lecture du réquisitoire définitif qu'il dépose, signé de lui, sur le bureau.

Suit la teneur de ce réquisitoire :

RÉQUISITOIRE.

« Nous, Procureur-général du Roi près la Cour des Pairs :

« Attendu qu'il résulte de l'instruction et des débats, que dans la journée du 25 juin 1836, le nommé Louis Alibaud s'est rendu coupable d'attentat contre la vie du Roi;

« Attendu que le crime ci-dessus spécifié et qualifié est prévu et puni par les articles 12, 13, 86 et 88 du Code pénal;

« Requérons qu'il plaise à la Cour déclarer le sus-nommé coupable dudit crime d'attentat contre la vie du Roi;

« Requérons également qu'il plaise à la Cour appliquer au sus-nommé les peines portées par les articles sus-énoncés.

« Fait au parquet de la Cour des Pairs, le 9 juillet 1836.

Signé « MARTIN (du Nord) ».

M. le Président annonce ensuite que la parole est à l'accusé et à ses défenseurs, pour présenter les moyens de la défense.

Me Charles Ledru est entendu dans sa plaidoirie.

Le défenseur s'étant rassis, l'accusé se lève et commence la lecture d'un écrit dans lequel il expose les motifs qui l'ont porté à commettre son crime.

Après s'être vanté d'avoir la royauté en horreur, l'accusé ne craint point de poser en principe que « le régicide est le droit de l'homme qui « ne peut obtenir justice que par ses mains. »

M. le Président l'interrompt à ces mots, en lui déclarant qu'il ne peut souffrir que l'apologie du régicide soit faite en face de la Cour, et que de telles paroles, loin de ressembler à une défense, constituent un nouveau crime. M. le Président ajoute que si l'accusé n'a pas autre chose à dire pour sa défense, il lui ordonne de se rasseoir.

L'accusé se rassied, et remet son manuscrit à Me Charles Ledru, l'un de ses défenseurs.

M. le Président dit que ce manuscrit est une pièce du procès, et ordonne qu'il soit remis au Greffier de la Cour.

Conformément à cet ordre de M. le Président, Me Ledru remet le manuscrit au Greffier en chef de la Cour.

Me Bonjour, autre défenseur de l'accusé, se dispose à parler.

L'accusé l'interrompt ; le défenseur se rassied.

Le procureur-général répond à quelques principes développés par le premier défenseur, et déclare que quant aux affreuses doctrines dont l'expression est sortie de la bouche de l'accusé, la dignité du ministère public et le caractère de la Cour devant laquelle il parle ne lui permettent pas de s'arrêter à les réfuter : il les livre à l'indignation de la France.

Le procureur-général s'étant rassis, M. le Président adresse à l'accusé ces paroles :

« Alibaud, je vous avais accordé la parole pour
« votre défense, et vous n'avez parlé que pour
« votre accusation ; je vous l'ai donc retirée ; je
« suis prêt à vous la rendre si vous avez mainte-
« nant quelque chose à dire qui ne soit pas l'a-
« pologie de l'assassinat et du régicide, car vous
« devez sentir que plus vous parlerez en ce sens
« et plus vous aggraverez votre position. »

L'accusé demande la permission de continuer
la lecture de son manuscrit, en retranchant le passage qui avait motivé son interruption.

M. le Président ordonne que le manuscrit de
l'accusé lui soit remis.

L'accusé reprend la lecture de ce manuscrit,
après avoir passé quelques phrases. Parmi les
nouvelles paroles qu'il prononce, on distingue les
suivantes :

« Le système que le Roi suit avec acharnement
« rend le peuple malheureux, et coopère avec les
« puissances barbares du Nord à l'asservissement
« de tous les peuples.

« Je rendais donc un grand service à l'huma-
« nité en frappant à mort son plus cruel en-
« nemi. »

M. le Président interrompt de nouveau l'accusé,
et lui déclare que ces expressions ne peuvent pas
plus être tolérées que celles qui avaient motivé
sa première interruption.

Le procureur-général requiert que si l'accusé
n'a rien autre chose à dire pour sa défense, la parole lui soit retirée.

M. le Président, après avoir fait observer à l'accusé que les dernières paroles qu'il a prononcées sont de même nature que les précédentes, et ne pourraient qu'aggraver sa position, lui ordonne de se rasseoir.

L'accusé s'étant rassis, et ses défenseurs n'ayant pas réclamé de nouveau la parole, M. le Président déclare que les débats sont clos.

La Cour se retire immédiatement dans la chambre du conseil pour délibérer sur le réquisitoire du procureur-général.

Signé PASQUIER, *président.*

E. CAUCHY, *greffier en chef.*

ATTENTAT
DU 25 JUIN
1836.

PROCÈS-VERBAL
N° 9.

COUR DES PAIRS.

Séance secrète du samedi 9 juillet 1836,

Présidée par M. le Baron PASQUIER.

Le samedi 9 juillet 1836, à midi et demi, la Cour entre dans la chambre du conseil pour prononcer sur le réquisitoire présenté par le procureur-général à l'audience publique de ce jour.

L'appel nominal contaste la présence des 161 Pairs qui ont assisté à toute la durée des débats.

M. le Président expose que, d'après les précédens, toute décision touchant la culpabilité ou la peine ne peut être prise contre l'accusé qu'à la majorité des cinq huitièmes des voix, déduction faite de celles qui, suivant l'usage de la Cour, doivent se confondre pour cause de parenté ou d'alliance.

Ces voix sont celles :
  des père et fils ;
  des frères ;
  des oncle et neveu propres ;
  des beau-père et gendre ;
  des beaux-frères, en observant de ne pas

10

considérer comme tels ceux qui ont épousé les deux sœurs.

Il est immédiatement procédé à la formation du tableau comprenant ceux de MM. les Pairs présens à la séance dont les voix doivent se confondre en cas d'opinions conformes.

M. le Président fait ensuite donner une nouvelle lecture du réquisitoire présenté par le procureur-général.

La question de culpabilité résultant de ce réquisitoire est posée en ces termes :

«Louis Alibaud est-il coupable d'avoir, le 25 juin dernier, par l'emploi d'une arme à feu, commis un attentat contre la personne et la vie du Roi? »

Cette question, sur laquelle M. le Président consulte la Cour par appel nominal, est résolue affirmativement à l'unanimité des voix.

Il est immédiatement passé au vote sur l'application de la peine.

Avant d'ouvrir l'appel nominal à ce sujet, M. le Président remet sous les yeux de la Cour les termes des articles 13, 86 et 302 du Code pénal.

Les voix sont recueillies deux fois par appel nominal.

Le deuxième tour donne le résultat suivant :

Pour la peine du parricide............. 158 voix.	
Pour la peine de mort, sans application de l'art. 13 du Code pénal.............. 3	} 161

En conséquence, la Cour condamne l'accusé Alibaud à la peine du parricide.

M. le Président soumet à la Cour un projet d'arrêt dans lequel sont formulées les décisions qu'elle vient de prendre.

Ce projet d'arrêt est mis aux voix et adopté par mains levées.

La minute de l'arrêt est immédiatement signée par les 161 Pairs qui ont pris part à la délibération qui vient d'avoir lieu.

La Cour rentre ensuite en audience publique pour vider son délibéré.

Signé PASQUIER, *président.*

E. CAUCHY, *greffier en chef.*

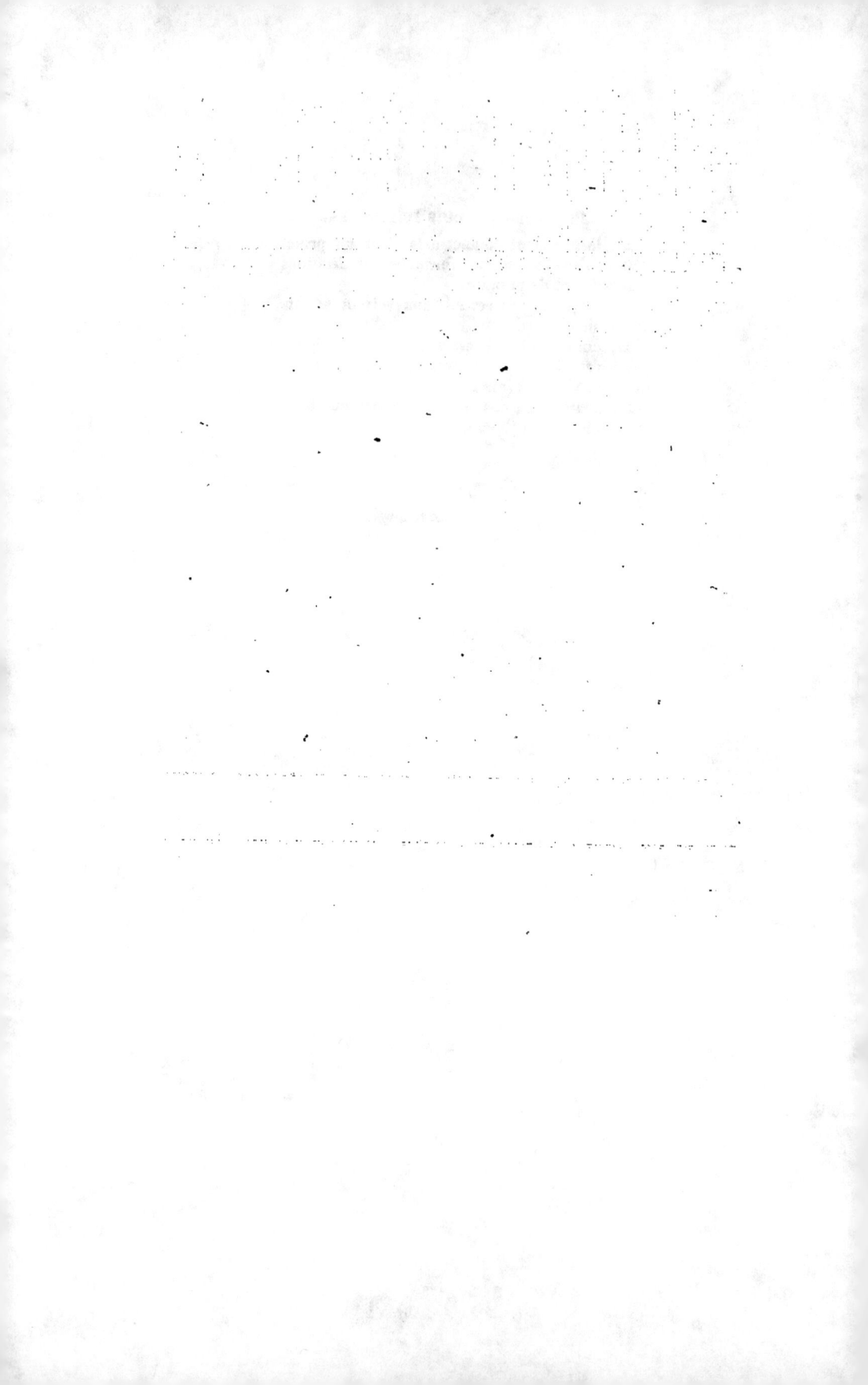

ATTENTAT
DU 28 JUIN
1836.

PROCÈS-VERBAL
N° 10.

COUR DES PAIRS.

Reprise de l'audience publique du samedi
9 juillet 1836,

Présidée par M. le Baron PASQUIER.

LE samedi 9 juillet 1836, à deux heures de relevée, la Cour, à l'issue de la chambre du conseil,
rentre en audience publique.

L'accusé n'est pas présent.

Mes Charles Ledru et Bonjour, ses défenseurs,
sont au barreau.

Le ministère public est introduit.

La Cour ayant pris séance, M. le Président
prononce l'arrêt dont la teneur suit :

ARRÊT DE LA COUR DES PAIRS.

« LA COUR DES PAIRS :

« Vu l'arrêt du 2 de ce mois, ensemble l'acte
« d'accusation dressé en conséquence contre

« Louis Alibaud :

« Ouï les témoins en leurs dépositions et con-
frontations avec l'accusé;

« Oui le procureur-général du Roi, en ses dires
et réquisitions, lesquelles réquisitions, par lui déposées sur le bureau de la Cour, sont ainsi
conçues :

« Nous, Procureur-général du Roi :

« Attendu qu'il résulte de l'instruction et des
« débats que, dans la journée du 25 juin 1836,
« le nommé Louis Alibaud s'est rendu coupable
« d'attentat contre la vie du Roi;

« Attendu que le crime ci-dessus spécifié et
« qualifié est prévu et puni par les articles 12,
« 13, 86 et 88 du Code pénal;

« Requérons qu'il plaise à la Cour déclarer le
« sus-nommé coupable dudit crime d'attentat con-
« tre la vie du Roi;

« Requérons également qu'il plaise à la Cour
« appliquer au sus-nommé les peines portées par
« les articles sus-énoncés.

« Fait au parquet de la Cour des Paris, le neuf
« juillet mil huit cent trente-six.

Signé « MARTIN (du Nord). »

« Après avoir entendu l'accusé en ses moyens
de défense présentés tant par lui que par
Mes Charles Ledru et Auguste Bonjour, ses défenseurs ,

« Et après en avoir délibéré;

« Attendu que Louis Alibaud est convaincu d'a-
voir, le 25 juin dernier, par l'emploi d'une arme

à feu, commis un attentat contre la personne et
la vie du Roi ;

« DÉCLARE

« Louis Alibaud

« Coupable d'attentat contre la personne et la
vie du Roi ;

« Crime prévu par les articles 86 (§ 1er), 88
et 302 du Code pénal, ainsi conçus :

ART. 86 (§ 1er).

« L'attentat contre la vie ou la personne du Roi
« est puni de la peine du paricide.

ART. 88.

« L'exécution ou la tentative constitueront,
« seules, l'attentat.

ART. 302.

« Tout coupable d'assassinat, de parricide,
« d'infanticide et d'empoisonnement, sera puni
« de mort, sans préjudice de la disposition par-
« ticulière contenue en l'art. 13, relativement au
« parricide. »

« Vu les articles 7, 12, 13 et 36 du Code pénal,
ainsi conçus :

Art. 7 (§ 1er).

« Les peines afflictives et infamantes sont :

« 1°. La mort ;

« . . . .

« . . . .

« . . . .

Art. 12.

« Tout condamné à mort aura la tête tranchée.

Art. 13.

« Le coupable condamné à mort pour parricide
« sera conduit sur le lieu de l'exécution en che-
« mise, nu-pieds, et la tête couverte d'un voile
« noir.

« Il sera exposé sur l'échafaud pendant qu'un
« huissier fera au peuple lecture de l'arrêt de
« condamnation, et il sera immédiatement exé-
« cuté à mort.

Art. 36.

« Tous arrêts qui porteront la peine de mort,
« des travaux forcés à perpétuité et à temps, la
« déportation, la détention, la reclusion, la dé-
« gradation civique et le bannissement, seront
« imprimés par extrait.

« Ils seront affichés dans la ville centrale du
« département, dans celle où l'arrêt aura été ren-
« du, dans la commune du lieu où le délit aura

« été commis, dans celle où se fera l'exécution,
« et dans celle du domicile du condamné. »

« CONDAMNE

Alibaud (Louis)

à la peine du parricide.

«ORDONNE qu'il sera conduit sur le lieu de l'exécution en chemise, nu-pieds, et la tête couverte d'un voile noir; qu'il sera exposé sur l'échafaud pendant qu'un huissier fera au peuple lecture de l'arrêt de condamnation, et qu'il sera immédiatement exécuté à mort;

« Le condamne en outre aux frais du procès, desquels frais la liquidation sera faite conformément à la loi, tant pour la portion qui doit être supportée par le condamné que pour celle qui doit demeurer à la charge de l'État.

« Ordonne que le présent arrêt sera exécuté à la diligence du procureur-général du Roi, imprimé, publié et affiché partout ou besoin sera, et qu'il sera lu et notifié à l'accusé par le Greffier en chef de la Cour. »

Immédiatement après la prononciation de cet arrêt, M. le Président lève l'audience.

Signé PASQUIER, *président.*

E. CAUCHY, *greffier en chef.*

11

COUR DES PAIRS DE FRANCE.

Attentat du 25 juin 1836.

LISTE ALPHABÉTIQUE

DES TÉMOINS ENTENDUS PENDANT LES DÉBATS.

FIN DE LA TABLE DES TÉMOINS.

COUR DES PAIRS DE FRANCE.

Attentat du 25 juin 1836.

TABLE DES MATIÈRES

l'ordonnance du Roi qui la constitue en cour de justice pour
procéder au jugement de l'attentat, p. 61.

GÉRARD (M. le maréchal comte) est nommé membre de la
commission des mises en liberté, p. 74.

GIROD (M.) de l'Ain, est délégué par M. le Président pour
l'instruction du procès, p. 72. — Remplit en cette qualité
les fonctions de scrutateur pour le dépouillement des votes
relatifs à la nomination de la commission des mises en liberté, *ibid.*

JACOB (M. le vice-amiral comte) est nommé membre de la
commission des mises en liberté, p. 74.

LEDRU (Me Charles), l'un des défenseurs d'Alibaud, l'assiste
pendant les débats, p. 100. — Prend des conclusions ten-
dantes à ce que les débats soient renvoyés à un jour plus
éloigné, p. 104 à 106, 109 et suiv. — Ces conclusions sont
rejetées, p. 119. — Présente la défense de l'accusé, p. 128.

MARTIN (M.) du Nord, est nommé procureur-général près la
Cour des Pairs, p. 62. — Répond aux conclusions de Me Charles
Ledru et s'oppose à l'ajournement des débats, p. 105 et 106.
— Développe les moyens de l'accusation, p. 127. — Répond
à quelques principes émis par l'un des défenseurs de l'accusé,
p. 129.

MISE EN ACCUSATION. *V.* aux mots *Arrêt* et *Vote.*

MONTALEMBERT (M. le comte de). *V.* au mot *Daru* (M. le
comte).

MOUNIER (M. le baron) est nommé membre de la commission
des mises en liberté, p. 74.

ORDONNANCE DU ROI, du 25 juin 1836, qui constitue la Chambre des Pairs en cour de justice pour procéder au jugement
de l'attentat, p. 61 et suiv.

PAIRS (MM. les). Ceux qui, à raison de leur âge, n'ont pas
voix délibérative, sont admis à prendre séance avec la Cour,
sans cependant que leurs noms soient compris dans l'appel
nominal, p. 85 ; *v.* aussi p. 103. — Observations sur leurs
droits et leurs devoirs, p. 81 et suiv.

PÉNALITÉ. *V.* au mot *Vote.*

PLOUGOULM (M.) est nommé avocat-général près la Cour des
Pairs, p. 63.

FIN DE LA TABLE DES MATIÈRES.

www.ingramcontent.com/pod-product-compliance
Lightning Source LLC
Chambersburg PA
CBHW052205270326
41931CB00011B/2228